Objetivo: Cupcake perfecto

Objetivo: Cupcake perfecto

Alma Obregón

EL PAIS
AGUILAR

¿Qué es CLIC2C® ?

Es una tecnología que permite añadir contenidos multimedia a las páginas de un libro. Algunas imágenes se codifican con una marca de agua que se asocia a contenido interactivo: videos, textos, imágenes, etc. Solo necesitas un teléfono móvil, buscar el icono del "cibercupcake", y comenzar a descargarte las sorpresas que Alma ha preparado para ti.

¿Cómo funciona?

1. Descarga la aplicación gratis visitando con tu móvil **m.clic2c.com** o a través de los principales *stores*.

2. Busca entre las páginas del libro las imágenes interactivas indicadas con este logotipo.

3. Abre la aplicación, coloca el móvil paralelo a unos 12cm de la imagen y espera unos segundos.

También puedes usar TEXT2C® escribiendo y enviando la palabra clave que esté en la imagen.

4. ¡Disfruta del contenido interactivo!

Objetivo: Cupcake perfecto

© 2012, Alma Obregón Fernández (texto y fotografías
  de las recetas)
© 2012, para la presente edición:
Santillana Ediciones Generales, S.L.
Avenida de los Artesanos 6,
28760 Tres Cantos, Madrid
Tel. 91 744 90 60. Fax 91 744 90 93
www.elpaisaguilar.es

Coordinación editorial y edición: Diana Acero Martínez
Edición e ilustraciones: Laura Tomillo
Dirección técnica: Víctor Benayas
Coordinación técnica: Victoria Reyes
Diseño: Beatriz Rodríguez de los Ríos
Maquetación: Fernando de Santiago
Fotografías de la autora:
LightUp Estudios Fotográficos
Maquillaje de la autora: Silvia Carceles Magro
Interactividad CLIC2C®: AquaMobile
Fondo de cubierta: papel pintado "Amrapali"
por Designers Guild

Primera edición, octubre 2012
Tercera edición, noviembre 2012

ISBN: 978-84-03-51219-1
Depósito legal: M-25882-2012
Impreso y encuadernado en España - *Printed and bounded in Spain*

Notas generales para todas las recetas, a menos que
se indique lo contrario:

1. Las recetas son para 12 cupcakes o 48 mini cupcakes.
2. La mantequilla tiene que ser sin sal y estar a
   temperatura ambiente.
3. Los huevos son de tamaño M.
4. La levadura es de tipo químico, como la de marca
   Royal.
5. La harina es normal, sin levadura añadida.
6. El horno se precalienta a 180°C, con calor arriba y
   abajo, o a 160°C si es un horno de ventilador.
7. Las cápsulas se llenan solo 2/3 de su capacidad.
8. Los cupcakes se dejan enfriar en el molde 5 minutos
   y luego se pasan a una rejilla hasta que se enfríen
   completamente.
9. Comprueba que los cupcakes están hechos,
   pinchándolos con un palillo. Si sale limpio, ¡ya
   están! Pero nunca abras el horno hasta pasados al
   menos 18 minutos, o puede que se hundan.
10. Conserva los cupcakes a temperatura ambiente en
    un recipiente hermético. Solo necesitan nevera los
    que tengan nata o queso en su crema, o relleno.

A mis padres, por todo.

Contenidos:

Introducción:

Aunque podrían parecer la versión coqueta de las magdalenas de toda la vida, los cupcakes son mucho más que eso. Son pequeñas explosiones de sabor y dulzura que, con más o menos complejidad de decoración, se convierten en un postre espectacular, una merienda deliciosa, un desayuno sofisticado o, en su versión mini, el canapé ideal para fiestas y celebraciones. Tras una larga trayectoria en los países anglosajones, en los que se ha ido explotando al máximo su potencial, finalmente los cupcakes han llegado a nuestras fronteras (y paladares), poniendo de manifiesto que el mundo de los cupcakes es, sin duda, un mundo apasionante, lleno de sabor, color y posibilidades.

En este libro he reunido mis 50 recetas favoritas, aquellas que se han convertido en un éxito entre todos los que me rodean y que, con seguridad, harán que triunféis en todas las ocasiones en las que las preparéis. Junto con las recetas más clásicas, que os harán degustar los sabores que triunfan en Londres o Nueva York, he intentado acercar el cupcake a nuestros sabores más conocidos y tradicionales, para hacerlo más familiar, más nuestro. En todo caso, espero que disfrutéis con este libro tanto como lo he hecho yo escribiéndolo... ¡y que os hinchéis a cupcakes!

Alma

Herramientas

Pese a que, al principio, el "mundo cupcake" pueda parecer complicado, los materiales básicos para comenzar a hacer cupcakes no son tantos ni tan raros. Aunque a medida que os metáis más y más en la repostería creativa seguramente querréis incrementar vuestro arsenal de herramientas para decorarlos, para comenzar lo único que necesitaréis es:

1. *Una bandeja de horno para cupcakes:* La bandeja de horno es fundamental, ya que sin ella los papelitos de los cupcakes se abren y pierden totalmente su forma. Podéis encontrarlas también de silicona.

2. *Cápsulas:* Son los papelitos en los que se hornean los cupcakes. Los hay de miles de colores, acabados y estampados. Si se trasparentan tras el horneado, no es culpa vuestra, se debe a que los papelitos no son de buena calidad y no resisten la grasa. Os recomiendo que consultéis siempre antes de comprar las cápsulas para saber si realmente resistirán el horneado.

3. *Cuchara de bolas de helado:* La herramienta más útil para que todos los cupcakes salgan iguales. Simplemente echa una bola de masa en cada cápsula y... ¡a hornear!

4. *Espátula:* Con la espátula podréis cubrir vuestros cupcakes para aplicar después la crema de mantequilla con la manga, o incluso otorgarles un acabado más informal usando solo la espátula.

5. *Descorazonador de manzana:* Es la herramienta perfecta para rellenar vuestros cupcakes. Mirad en la página 16 para saber cómo se utiliza.

6. *Manga pastelera:* Para trabajar con las diferentes variedades de crema de mantequilla yo recomiendo usar mangas desechables, ya que limpiar la mantequilla de las mangas de tela puede convertirse en una verdadera pesadilla. Con las de usar y tirar se incrementa la higiene y se facilita la tarea de limpieza posterior.

7. *Boquillas:* Mis favoritas son las de estrella cerrada y abierta grandes, ya que crean unas formas perfectas sobre los cupcakes. En general, las boquillas grandes son un éxito asegurado.

8. *Rodillo y cortadores de fondant:* Para crear decoraciones sencillas en un pispás. En la página 16 podéis ver unos ejemplos de cómo sacar partido a estos cortadores sin complicaros la vida. Os recomiendo que el rodillo sea antiadherente.

1

2

3

4

5

6

7

8

PAHERRA

Ingredientes

Además de los ingredientes habituales (harina, huevos, mantequilla, leche...), en las recetas de este libro encontraréis algunos un poco más especializados que se repiten una y otra vez. A continuación podéis leer más sobre ellos.

1. Extracto de vainilla: El extracto de vainilla es, probablemente, mi ingrediente favorito. No hay nada como abrir una caja de cupcakes de vainilla recién hechos y respirar el aroma que desprenden. Podéis sustituirlo por aroma de vainilla pero el resultado no será el mismo. Invertir en un botecito de un buen extracto merece la pena al 100%, ya que por receta nunca utilizaremos más de 1 cucharadita y la diferencia en el sabor es notable.

2. Azúcar superfino: Es la versión finísima y anglosajona de nuestro azúcar glas que se comercializa bajo el nombre de *icing sugar*. Este azúcar es casi polvo y es la mejor garantía para que en nuestra crema de mantequilla no se "mastique" el azúcar glas. Está a la venta en tiendas especializadas, Internet y tiendas de productos importados.

3. Colorantes en pasta o gel: Son los más recomendados tanto para la crema de mantequilla como para el bizcocho, ya que su alta concentración permite la obtención de colores muy intensos sin modificar la textura de aquello que se tiñe. Están a la venta en tiendas especializadas y en Internet.

4. Fondant: Esta pasta de azúcar comestible y modelable es la aliada perfecta para crear decoraciones en nuestros cupcakes. Podéis comprarlo en tiendas especializadas de color blanco o ya teñido. Si lo compráis blanco, aseguraos de teñirlo con colorantes en pasta o gel, ya que los líquidos lo estropean. Ha de conservarse a temperatura ambiente, bien envuelto en film para que no se seque. Si se os pega a las manos, utiliza un poquito de maicena para evitarlo.

5. Decoraciones comestibles: Todo adorno comestible, bolitas de azúcar, confetis de colores, purpurinas..., es válido para convertir tus cupcakes en verdaderas obras de arte. Las golosinas se convierten en las aliadas imprescindibles cuando el tiempo es demasiado escaso para ponerse a trabajar con *fondant*.

¿Y la batidora? Aunque las masas pueden hacerse a mano, las cremas requieren "apoyo técnico". Eso sí, que no cunda el pánico: cualquier batidora con varillas rígidas os servirá para preparar las cremas. Lo que no podréis utilizar son los robots de cocina que cuentan solo con accesorio picador o mariposa porque no son idóneos para preparar las cremas, ya que podrían quedar líquidas y sin consistencia.

Trucos útiles paso a paso

Repartir la masa de forma equitativa entre las cápsulas:

Encuentro que la forma más rápida y cómoda de conseguir que todos mis cupcakes queden iguales es utilizando una cuchara de helado. Echando una bola mediana en cada cápsula conseguiremos unos cupcakes de tamaño perfecto.

Rellenar un cupcake:

Las formas de rellenar un cupcake son infinitas, pero mi herramienta favorita es el descorazonador de manzanas. Solo tenemos que insertarlo hasta la mitad del cupcake, girarlo y conservar la tapita. Una vez con el relleno de nuestra elección dentro, podemos colocar la tapita de nuevo... ¡Ya está listo para ser decorado!

Decorar con fondant:

Una de las formas más rápidas para crear adornos para nuestros cupcakes es estirar un poco de fondant sobre una superficie espolvoreada con maicena. A continuación, usando nuestros cortadores, creamos mariposas, estrellas, corazones... Podemos prepararlos con antelación y guardarlos en una cajita hasta el momento en que vayamos a utilizarlos.

Usar la manga pastelera:

Para realizar una bonita rosa de crema de mantequilla sobre nuestros cupcakes debemos empezar en el centro del bizcocho, situando la boquilla en vertical, y girar en el sentido de las agujas del reloj mientras apretamos de forma constante.

Podemos realizar una decoración más alta aplicando una segunda capa de crema sobre la rosa inicial, comenzando en esta ocasión desde fuera hacia dentro.

PAMANG

Para hacer rosas de fondant:

Para hacer las rosas, partimos de un pequeño cilindro de *fondant*. Hemos de meterlo dentro de una funda de plástico A4 y afinarlo. Tras sacarlo de la funda, lo enrollamos sobre sí mismo, creando un "capullo". A continuación realizamos cinco bolitas iguales de *fondant*. Las metemos dentro de la funda y las aplastamos, creando cinco "pétalos". Después, pegamos sobre la pieza central dos de los pétalos, usando un poquito de agua. Seguimos colocando alrededor los otros tres "pétalos", creando así nuestra rosa. Girando los dedos en torno a la flor, cortamos cualquier *fondant* sobrante que quede en la base, y ya está lista para decorar nuestro cupcake.

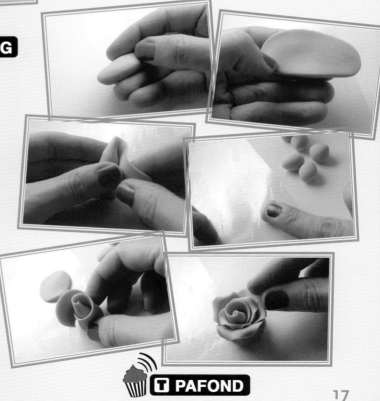

PAFOND

Cremas Básicas para decorar

Los componentes del cupcake son básicamente tres: bizcocho, crema y relleno. En este libro encontrarás recetas muy variadas, pero comprobarás que la mayoría se pueden hacer con estas seis versiones básicas. Con ellas jugaremos a lo largo del libro... ¡cada una está aún más buena que la anterior!

Cantidades para decorar 12 cupcakes:

CREMA DE MANTEQUILLA BÁSICA DE VAINILLA

Tamizamos el azúcar superfino y lo colocamos en un cuenco junto con la mantequilla, el extracto de vainilla y la leche. Cubriendo el bol, batimos a velocidad baja un minuto. Después subimos la velocidad y batimos al menos otros 5 minutos a velocidad media-alta. La crema de mantequilla se volverá casi blanca y su textura pasará a ser muy cremosa. Para teñirlo podemos utilizar colorantes en pasta.

Ingredientes
- 250g de mantequilla
- 325g de azúcar superfino
- 1 cucharadita de extracto de vainilla
- 2-3 cucharadas de leche semidesnatada
- Colorante en pasta, a nuestro gusto

CREMA DE MANTEQUILLA DE CHOCOLATE INTENSO

Para preparar la crema de mantequilla tamizamos el azúcar superfino con el cacao y los colocamos en un cuenco junto con la mantequilla y la leche. Cubriendo el bol, batimos a velocidad baja un minuto. Después subimos la velocidad y batimos al menos otros 5 minutos a velocidad alta. La crema de mantequilla se volverá cremosa y de color chocolate intenso.

Ingredientes
- 115g de mantequilla
- 425g de azúcar superfino
- 85g de cacao en polvo sin azúcar
- 105ml de leche semidesnatada

CREMA DE MANTEQUILLA DE CHOCOLATE SUAVE

Para preparar la crema de mantequilla hemos de derretir el chocolate (al baño maría o al microondas) y dejarlo templar. Mientras tanto, tamizamos el azúcar superfino y lo colocamos en un cuenco junto con la mantequilla y la leche. Cubriendo el bol, batimos a velocidad baja un minuto. Después subimos la velocidad y batimos al menos otros 5 minutos. Incorporamos el chocolate derretido y templado y batimos 2 o 3 minutos más. Cuanto más batamos, mayor consistencia tendrá la crema.

Ingredientes
- 250g de mantequilla
- 250g de azúcar superfino
- 2 cucharadas de leche semidesnatada
- 150g de chocolate negro

CREMA DE QUESO

Tamizamos el azúcar superfino. A continuación, lo batimos con la mantequilla y la leche a velocidad máxima hasta que se integre. Añadimos el queso, que ha de estar frío, y batimos, primero a velocidad baja y luego aumentando la velocidad hasta que la mezcla sea homogénea y cremosa. Cuanto más batamos, mayor consistencia tendrá la crema. Ha de conservarse en frío.

Ingredientes

- 120g de mantequilla
- 300g de azúcar superfino
- 125g de queso cremoso de untar (no light)
- 1 cucharada de leche semidesnatada

CREMA DE MANTEQUILLA DE MERENGUE SUIZO

Ponemos las claras de huevo en un cuenco junto con el azúcar. Calentamos al baño maría hasta que el azúcar se disuelva. No paramos de remover para que no se queme. Pasamos las claras al recipiente de la batidora y empezamos a montarlas. Tardarán un poquito. Cuando hagan picos blandos, comprobaremos la temperatura del bol. Si está caliente, esperaremos un poquito antes de añadir la mantequilla. Que si no... ¡se derrite! Una vez esté templado el merengue, añadimos la mantequilla batiendo a velocidad media. La mezcla se cortará a la mitad del proceso y parecerá que es un desastre pero al cabo de 8-10 minutos se convertirá en la crema de mantequilla más sedosa del mundo mundial. ¡Lo importante es no dejar de batir!

Ingredientes

- 4 claras de huevo
- 225g de azúcar blanco
- 350g de mantequilla

MERENGUE ITALIANO

Para el merengue, mezclamos el azúcar con el agua y el sirope de maíz en un cazo y lo ponemos a calentar hasta que la temperatura con un termómetro de azúcar alcance los 115°C-120°C. Mientras tanto, montamos las claras a punto de nieve. Cuando el almíbar haya alcanzado la temperatura indicada, lo echamos sobre las claras poco a poco, sin dejar de batir, como si fuera un hilillo (con cuidado de que no caiga el almíbar en las varillas de la batidora). Seguimos batiendo hasta que el merengue esté brillante. Incorporamos el aroma elegido y el colorante.

Ingredientes

- 3 claras
- 180g de azúcar blanco
- 100ml de agua
- 1 cucharada de sirope de maíz (como el de la marca Karo)
- Aroma, al gusto
- Colorantes, al gusto

*Truco: Si no tenemos termómetro de azúcar podemos hacer la "prueba de la bola": echamos una gotita del almíbar que hemos preparado en un vaso de agua fría y si se convierte en una bolita blanda, está listo.

PAMER

Los clásicos

Sin duda una de las recetas preferidas por todos. Se convierte en un acierto seguro si desconocemos el gusto de los comensales. Si sustituimos la crema de vainilla por la de chocolate para decorarlos, se transforman en un bocado difícil de resistir.

Vainilla

Precalentamos el horno y preparamos la bandeja para cupcakes con las cápsulas de papel. Tamizamos la harina con la levadura en un cuenco y reservamos.

Batimos la mantequilla con el azúcar hasta que se integren y la mezcla se aclare. Añadimos los huevos, uno a uno, batiendo hasta que se incorporen. Después echamos la mitad de la harina y batimos a velocidad baja hasta que se mezcle. A continuación, vertemos la leche, con el extracto de vainilla disuelto, y volvemos a batir. Agregamos la otra mitad de la harina y batimos a velocidad baja hasta que la mezcla sea homogénea. Repartimos la mezcla en las cápsulas y horneamos 22-25 minutos.

Mientras se hornean los cupcakes, preparamos el almíbar en un cazo, calentando el azúcar con el agua hasta que la mezcla hierva. Retiramos del fuego, e incorporamos el extracto de vainilla y las semillas de la vaina, y dejamos templar.

Nada más sacar los cupcakes del horno, pinchamos su superficie varias veces con un palillo y los pintamos con el almíbar. Dejamos enfriar los cupcakes por completo. Para finalizar, preparamos la crema de mantequilla básica de vainilla, añadiendo las semillas de una vaina de vainilla y decoramos los cupcakes con la manga pastelera y una boquilla de estrella abierta (como la 1M de Wilton).

Ingredientes:

Para el bizcocho:
- 115g de mantequilla
- 220g de azúcar blanco
- 3 huevos
- 200g de harina
- 1 y 1/2 cucharaditas de levadura
- 120ml de leche semidesnatada
- 1 cucharadita de extracto de vainilla

Para el almíbar:
- 100g de azúcar blanco
- 100ml de agua
- 1 cucharadita de extracto de vainilla, más las semillas de una vaina

Para decorar:
- 1 porción de crema de mantequilla básica de vainilla (ver página 18)
- Las semillas de una vaina de vainilla

¡Perfectos para esos días en los que el cuerpo te pide chocolate! En las páginas 85 y 86 puedes encontrar dos versiones con licor, para los adultos, del mismo clásico.

Chocolate

Precalentamos el horno y preparamos la bandeja para cupcakes con las cápsulas de papel. Tamizamos la harina con la levadura y el cacao en un cuenco y reservamos.

Batimos la mantequilla con el azúcar hasta que se integren y la mezcla se aclare. Añadimos los huevos, uno a uno, batiendo hasta que se incorporen. Después echamos la mitad de la harina y batimos a velocidad baja hasta que se integre. A continuación, ponemos la leche, mezclada con el extracto de vainilla, y volvemos a batir. Luego agregamos la otra mitad de la harina y batimos a velocidad baja hasta que la mezcla sea homogénea. Repartimos la mezcla en las cápsulas y horneamos 22-25 minutos.

Dejamos enfriar los cupcakes como en la receta anterior. Cuando estén fríos, los abrimos (ver página 16) y los rellenamos con el sirope de chocolate. Preparamos la crema de mantequilla de chocolate intenso y los decoramos con la boquilla de estrella cerrada (como la 2D de Wilton). Para finalizar, seguimos los pasos de la página 16 para cortar el *fondant* en forma de flores.

*Truco: Si en el centro de las flores añades pigmentos perlados comestibles del mismo tono que el *fondant* quedarán más bonitas.

Ingredientes:

Para el bizcocho:
- 115g de mantequilla
- 220g de azúcar blanco
- 3 huevos
- 180g de harina
- 40g de cacao en polvo sin azúcar
- 1 y 1/2 cucharaditas de levadura
- 120ml de leche semidesnatada
- 1 cucharadita de extracto de vainilla

Para el relleno:
- Sirope de chocolate

Para decorar:
- 1 porción de crema de mantequilla de chocolate intenso (ver página 18)
- *Fondant*

Toda persona que haga cupcakes ha de probar alguna vez en su vida a hornear los Terciopelo rojo, pues para algo se ha convertido en el sabor de cupcake más icónico. Para aumentar la intensidad de su color, usa colorante en pasta o gel: ¡los colorantes líquidos no lograrán satisfacer tus ansias de cupcakes rojos!

Terciopelo rojo

Precalentamos el horno y preparamos las cápsulas de papel para cupcakes en el molde. Ponemos la leche en un vaso y añadimos el zumo de limón. Dejamos reposar entre 5 y 10 minutos.

En un bol, batimos el azúcar con el aceite hasta que estén integrados. Sin dejar de batir añadimos el huevo y el extracto de vainilla. En otro bol, tamizamos la harina con el cacao. Batiendo a velocidad baja, añadimos la harina con cacao a la mezcla anterior, alternándola con la leche. Después, en un vasito, disolvemos el vinagre con el bicarbonato de soda y, cuando burbujee, lo echamos a la mezcla anterior. Cuando la masa sea homogénea, agregamos el colorante rojo. Así, podemos ajustar la cantidad necesaria para lograr la intensidad deseada.

Repartimos la mezcla en las cápsulas de papel, y horneamos durante 20 minutos. Los sacamos del horno y los dejamos enfriar. Preparamos la crema de queso y decoramos los cupcakes con la manga pastelera una vez estén fríos. Para finalizar, podemos terminar la decoración con miguitas de masa espolvoreadas por encima.

Ingredientes:

Para el bizcocho:
- 60ml de aceite de oliva suave
- 160g de azúcar blanco
- 1 huevo
- 1 cucharada rasa de cacao sin azúcar
- 1 y 1/2 cucharaditas de colorante en pasta rojo (como el *extra red* de Sugarflair)
- 1 y 1/2 cucharaditas de extracto de vainilla
- 125ml de leche semidesnatada
- 1 cucharadita de zumo de limón
- 150g de harina
- 1/2 cucharadita de bicarbonato de soda
- 1 cucharadita de vinagre blanco

Para decorar:
- 1 porción de crema de queso (ver página 19)
- Decoraciones comestibles, al gusto

Esponjosos, tiernos, especiados... Esta versión cupcake de la tradicional tarta de zanahoria es un placer para los sentidos. Modela unas zanahorias con *fondant* verde y naranja para decorarlos y estos cupcakes tendrán un éxito asegurado.

Tarta de zanahoria

Precalentamos el horno y tamizamos la harina con la canela y el bicarbonato de soda y reservamos. Rallamos la zanahoria y la manzana en un cuenco y reservamos también.

En otro bol, batimos los huevos con el azúcar y el aceite e incorporamos la harina. Con ayuda de una espátula, agregamos la manzana y la zanahoria ralladas. Cuando estén bien mezcladas, añadimos las pasas y las nueces. Rellenamos las cápsulas de papel. Horneamos 20-22 minutos. ¡Cuidado con olvidarse del horno, que se queman fácilmente!

Tras sacarlos, los dejamos 5 minutos en la bandeja de horno y los dejamos enfriar. Preparamos la crema y decoramos los cupcakes ya fríos con la boquilla de estrella abierta. Para decorar, podéis modelar zanahorias de *fondant* o mazapán teñidos con colorante en pasta o gel de color naranja.

Ingredientes:

Para el bizcocho:
- 140g de harina
- 1 cucharadita de bicarbonato de soda
- 1 cucharadita de canela
- 2 huevos
- 115g de azúcar blanco
- 120ml de aceite de oliva suave
- 150g de zanahorias
- 140g de manzana
- 5 nueces (peladas y troceadas)
- 60g de pasas sin hueso

Para la crema:
- 1 porción de crema de queso (ver página 19)

Si te gustan estas galletas por sí solas, imagínate el sabor que le dan a estos cupcakes, que están hechos con una combinación de un esponjoso bizcocho, cargado de pedacitos de Oreo con una crema de queso irresistible. Para una versión más "nuestra", mira los cupcakes de galletas María en la página 43.

Galletas Oreo

Precalentamos el horno y preparamos la bandeja para cupcakes con cápsulas de papel. Trituramos las 10 galletas Oreo con la picadora y reservamos. Tamizamos la harina con la levadura en un cuenco y reservamos también.

Batimos la mantequilla con el azúcar hasta que se integren y la mezcla se aclare. Añadimos los huevos, uno a uno, batiendo hasta que se incorporen. Agregamos la mitad de la harina y batimos a velocidad baja hasta que se integre. A continuación, echamos la leche, con el extracto de vainilla disuelto, y volvemos a batir. Ponemos la otra mitad de la harina y batimos a velocidad baja hasta que la mezcla sea homogénea. Después incorporamos las Oreo trituradas con ayuda de una espátula.

Repartimos la mezcla en las cápsulas y horneamos 22-25 minutos. Dejamos enfriar.

Trituramos las otras 10 galletas lo más finamente posible y reservamos. Preparamos la crema de queso y echamos las galletas trituradas al final, y volvemos a batir un minuto más. Para finalizar, decoramos los cupcakes con la manga pastelera y rematamos con media Oreo bien asentada en la crema de queso.

Ingredientes:

Para el bizcocho:
- 115g de mantequilla
- 220g de azúcar blanco
- 2 huevos
- 200g de harina
- 1 1/2 cucharaditas de levadura
- 150ml de leche semidesnatada
- 10 galletas Oreo
- 1 cucharadita de extracto de vainilla

Para la crema:
- 1 porción de crema de queso (ver página 19)
- 10 galletas Oreo

Para decorar:
- 6 galletas Oreo partidas a la mitad

Si los de chocolate negro están buenos,
estos están... ¡de muerte!

Chocolate blanco

Precalentamos el horno y preparamos la bandeja para cupcakes con cápsulas de papel. Tamizamos la harina con la levadura y el chocolate blanco a la taza en un cuenco y reservamos.

Batimos la mantequilla con el azúcar hasta que se integren y la mezcla se aclare. Añadimos los huevos, uno a uno, batiendo hasta que se incorporen. Agregamos la mitad de la harina y batimos a velocidad baja hasta que se mezcle bien. A continuación, echamos la leche, con el extracto de vainilla ya disuelto, y volvemos a batir. Ponemos la otra mitad de la harina y batimos a velocidad baja hasta que la mezcla sea homogénea.

Repartimos la mezcla en las cápsulas y horneamos 22-25 minutos. Dejamos enfriar los cupcakes.

Preparamos la crema de chocolate, usando chocolate blanco en vez de chocolate negro. Cuando los cupcakes estén fríos, los decoramos con la manga pastelera y los cuadraditos de chocolate blanco.

*Truco: Puedes buscar mini tabletas de chocolate para la decoración, así tus cupcakes tendrán un estilo más cuco.

Ingredientes:

Para el bizcocho:
- 115g de mantequilla
- 220g de azúcar blanco
- 3 huevos
- 180g de harina
- 40g de chocolate blanco a la taza en polvo
- 1 y 1/2 cucharaditas de levadura
- 120ml de leche semidesnatada
- 1 cucharadita de extracto de vainilla

Para decorar:
- 1 porción de crema de mantequilla de chocolate suave preparada con chocolate blanco en lugar de chocolate negro (ver página 18)
- 12 cuadraditos de chocolate blanco en tableta

33

Estos cupcakes irresistibles y ligeros se componen de un bizcocho de vainilla relleno de la crema de limón más deliciosa del mundo (¡receta de mi madre!), y van decorados con un suave merengue.

Merengue de limón

Preparamos los cupcakes siguiendo las instrucciones de la receta de los cupcakes de vainilla en la página 22. Una vez horneados, mientras se enfrían, preparamos la crema de limón.

Ponemos en un cazo la ralladura de los dos limones, añadiendo su zumo y el agua, para disminuir la acidez, y echamos el azúcar, la mantequilla y los dos huevos, previamente batidos. Lo mezclamos todo bien y lo ponemos a calentar a fuego lento, hasta que espese.

Retiramos del fuego y, una vez fríos los cupcakes, hacemos una buena cavidad con un cuchillo, en forma de cono invertido, y rellenamos con nuestra crema de limón. Decoramos con el merengue italiano, el cual podemos tostar un poquito un soplete de cocina o usando el grill para que quede más vistoso.

Ingredientes:

Para el bizcocho:
- 115g de mantequilla
- 220g de azúcar blanco
- 3 huevos
- 200g de harina
- 1 y 1/2 cucharaditas de levadura
- 120ml de leche semidesnatada
- 1 cucharadita de extracto de vainilla

Para la crema de limón:
- 2 limones
- 125ml de agua
- 100g de azúcar blanco
- 50g de mantequilla
- 2 huevos

Para decorar:
- 1 porción de merengue italiano (ver página 19)

Sabores de España

La bebida española por excelencia, en versión cupcake.
A mí que me den al menos dos vasos... digo... ¡dos cupcakes!

Sangría

Precalentamos el horno y preparamos la bandeja para cupcakes con las cápsulas. Tamizamos la harina con la levadura y reservamos.

Batimos la mantequilla con el azúcar hasta que se integren y la mezcla se aclare. Añadimos los huevos, uno a uno, y los extractos, batiendo hasta que se incorporen. Agregamos la mitad de la harina y batimos a velocidad más baja hasta que quede igualmente integrada. A continuación, vertemos el vino y volvemos a batir. Echamos la otra mitad de la harina y batimos hasta que el resultado sea homogéneo. Teñimos con el colorante granate.

Repartimos la mezcla en las cápsulas, y horneamos 22-25 minutos. Dejamos enfriar en el molde 5 minutos y después pasamos los cupcakes a una rejilla, hasta que se enfríen por completo.

Para preparar la crema, tamizamos el azúcar superfino y lo ponemos en un cuenco junto con el resto de ingredientes. Batimos a velocidad máxima al menos 5 minutos. Teñimos con el colorante granate y decoramos con la boquilla de estrella abierta.

Ingredientes:

Para el bizcocho:
- 115g de mantequilla
- 220g de azúcar blanco
- 3 huevos
- 220g de harina
- 1 y 1/2 cucharaditas de levadura
- 150ml de vino tinto
- 1 cucharadita de extracto de limón
- 1 cucharadita de extracto de naranja
- Colorante granate

Para la crema:
- 115g de mantequilla
- 300g de azúcar superfino
- 40ml de vino tinto, o al gusto
- 1 cucharadita de extracto de limón
- 1 cucharadita de extracto de naranja

Chocolate con churros

Preparamos los cupcakes siguiendo la receta de los cupcakes de chocolate de la página 25.

Mientras se enfrían, hacemos nuestros mini churros. En un cazo, calentamos el agua con una gotita de aceite y una pizca de sal. Cuando hierva, añadimos la harina de golpe y removemos rápidamente. Se creará una especie de "engrudo". Retiramos el cazo del fuego y cogemos la masa pringosa con una cuchara de palo y la metemos en la manga pastelera.

A continuación, ponemos a calentar el aceite en otra sartén. Cuando esté muy caliente, empezamos a echar nuestros churros (¡cuidado con no quemarse!). Necesitaremos al menos uno por cupcake. En cuanto empiecen a dorarse, los sacamos y los dejamos sobre papel de cocina para que pierdan el exceso de aceite. Finalmente, los pasamos por azúcar.

Preparamos la crema de mantequilla intensa de chocolate y decoramos los cupcakes con la manga pastelera. Finalizamos colocando un mini churro sobre la crema de chocolate.

Ingredientes:

Para el bizcocho:
- 115g de mantequilla
- 220g de azúcar blanco
- 3 huevos
- 180g de harina
- 40g de cacao en polvo sin azúcar
- 1 y 1/2 cucharaditas de levadura
- 120ml de leche semidesnatada
- 1 cucharadita de extracto de vainilla

Para los mini churros:
- 1 vaso de agua
- 1 vaso de harina
- Aceite
- Azúcar
- Manga pastelera con boquilla pequeña de estrella

Para decorar:
- 1 porción de crema de mantequilla de chocolate intenso (ver página 18)

Estos cupcakes son como comerse un montón de galletas María untadas en leche con cacao.
O algo mejor. ¡Si es que es que existe algo mejor!

Galletas María

Trituramos las galletas María con la picadora hasta que sean casi polvo. Precalentamos el horno y preparamos la bandeja para cupcakes con las cápsulas. Tamizamos la harina con la levadura y el cacao instantáneo y reservamos.

Batimos la mantequilla con el azúcar hasta que se integren y la mezcla se aclare. Añadimos los huevos, uno a uno, batiendo hasta que se incorporen. Agregamos la mitad de la harina y batimos a velocidad más baja hasta que se mezcle. A continuación, vertemos la leche y volvemos a batir. Echamos la otra mitad de la harina y batimos hasta que la mezcla sea homogénea. Con ayuda de la espátula, ponemos las galletas trituradas.

Repartimos la mezcla en las cápsulas y horneamos 22-25 minutos. Dejamos enfriar por completo.

Para preparar la crema, trituramos las galletas María como antes y reservamos. Tamizamos el azúcar superfino y lo ponemos en un cuenco junto con la mantequilla y la leche. Batimos primero a velocidad baja un minuto y luego a velocidad máxima en torno a 5 minutos. Añadimos las galletas María y batimos 2 minutos más. Para finalizar, decoramos con una boquilla redonda y una galleta María por cupcake.

Ingredientes:

Para el bizcocho:
- 115g de mantequilla
- 220g de azúcar blanco
- 3 huevos
- 220g de harina
- 1 y 1/2 cucharaditas de levadura
- 150ml de leche semidesnatada
- 12 galletas María
- 20g de cacao instantáneo

Para la crema:
- 125g de mantequilla
- 125g de azúcar superfino
- 2 cucharadas de leche semidesnatada
- 10 galletas María

Para la decoración:
- 12 galletas María

Cupcakes con sabor andaluz... ¡y qué buenos están, olé!

Pedro Ximénez

Precalentamos el horno y tamizamos la canela, la harina, el cacao y la levadura en un bol. En otro bol, mezclamos el aceite con el azúcar, el Pedro Ximénez y los huevos. Una vez integrados todos los ingredientes, añadimos la mezcla de harina y el chocolate negro rallado.

Con la masa, rellenamos las cápsulas para cupcakes y horneamos en torno a 20 minutos. Después los dejamos enfriar.

Para hacer la crema de mantequilla, batimos la mantequilla con el azúcar superfino hasta que la mezcla quede homogénea, cremosa y mucho más clarita, y entonces añadimos las cucharadas de Pedro Ximénez. Volvemos a batir y lo probamos... Si queréis "cargar" los cupcakes, añadid más Pedro Ximénez... ¡al gusto del consumidor!

Ingredientes para 9 cupcakes o 36 mini cupcakes:

Para el bizcocho:
- 125ml de Pedro Ximénez
- 2 huevos
- 120g de azúcar blanco
- 75ml de aceite suave
- 1 cucharadita de canela
- 75g de chocolate negro rallado
- 150g de harina
- 1 cucharadita de levadura
- 1/2 cucharada de cacao en polvo sin azúcar

Para la crema de mantequilla:
- 1 porción de crema de mantequilla básica de vainilla (ver página 18) sustituyendo la leche por 4 - 6 cucharadas de Pedro Ximénez

44

La de litros que me habré bebido de leche merengada en verano...
¡pues ahora la de kilos que me voy a comer en versión cupcake!

Leche Merengada

Hervimos la leche con la canela y dejamos templar. Precalentamos el horno y preparamos la bandeja para cupcakes con las cápsulas. Tamizamos la harina con la levadura y reservamos.

Batimos la mantequilla con el azúcar hasta que se integren y la mezcla se aclare. Añadimos los huevos, uno a uno, batiendo hasta que se incorporen. Agregamos la mitad de la harina y batimos a velocidad más baja hasta que se mezcle bien. A continuación, vertemos la leche que habíamos hervido con canela y volvemos a batir. Echamos la otra mitad de la harina y la leche merengada en pasta y batimos hasta que el resultado sea homogéneo.

Repartimos la mezcla en las cápsulas y horneamos 22-25 minutos. Dejamos enfriar en el molde 5 minutos y después pasamos los cupcakes a una rejilla, hasta que se enfríen por completo. Preparamos el merengue italiano y decoramos con una espátula y canela en polvo.

Ingredientes:

Para el bizcocho:
- 115g de mantequilla
- 220g de azúcar blanco
- 3 huevos
- 220g de harina
- 1 y 1/2 cucharaditas de levadura
- 150ml de leche semidesnatada
- 1 rama de canela
- 2 cucharaditas de leche merengada en pasta

Para la crema:
- 1 porción de merengue italiano (ver página 19)
- Canela en polvo

Los favoritos
de los peques

La receta de estos cupcakes es muy sencilla, tan solo necesitamos colorantes en pasta y un poco de imaginación para convertirlos en pequeñas obras de arte.

Arcoíris

Preparamos los cupcakes de vainilla, siguiendo las instrucciones de la página 22 . Una vez obtenida la masa, dividimos la mezcla en 4 partes iguales y colocamos cada una en un bol. Teñimos una parte de rojo, otra de azul, otra de verde y otra de amarillo. Es importante usar colores en pasta para poder obtener colores brillantes, los colorantes líquidos quedarán apagados tras el horneado.

Después echamos una cucharada de cada color en cada una de las cápsulas, hasta que todas tengan los cuatro colores. Horneamos 22-25 minutos. Dejamos enfriar en el molde 5 minutos y después pasamos los cupcakes a una rejilla, hasta que se enfríen por completo.

Para finalizar realizamos el merengue italiano, al que, al terminar la preparación, añadimos el extracto de vainilla. Decoramos los cupcakes con una boquilla redonda y decoraciones comestibles o azúcar coloreado.

*Truco: Si quieres asegurarte de que el bizcocho de tus cupcakes se haya hecho perfectamente antes de sacarlo del horno, puedes pinchar un palillo en el centro, y si sale limpio es que ya están listos.

Ingredientes:

Para el bizcocho:
- 115g de mantequilla
- 220g de azúcar blanco
- 3 huevos
- 200g de harina
- 1 y 1/2 cucharaditas de levadura
- 120ml de leche semidesnatada
- 1 cucharadita de extracto de vainilla
- Colorante en pasta de color rojo, azul, amarillo y verde

Para el merengue de vainilla:
- 1 porción de merengue italiano (ver página 19)
- 1 cucharadita de extracto de vainilla

¡Leche, cacao, avellanas y azúcar!
Estos cupcakes lo tienen todo para convertirse
en el plato estrella de cumples y merendolas.

Nocilla

Precalentamos el horno y preparamos la bandeja para cupcakes con las cápsulas de papel. Tamizamos la harina con la levadura y el cacao en un cuenco y reservamos.

Batimos la mantequilla con el azúcar hasta que se integren y la mezcla se aclare. Añadimos los huevos, uno a uno, batiendo hasta que se incorporen. Agregamos la mitad de la harina y batimos a velocidad baja hasta que todo quede bien mezclado. A continuación, vertemos la leche, con el extracto de vainilla disuelto, y volvemos a batir. Echamos la otra mitad de la harina y batimos a velocidad baja hasta que la mezcla sea homogénea.

Repartimos la mezcla en las cápsulas y horneamos 22-25 minutos. Dejamos enfriar los cupcakes en el molde 5 minutos y después pasamos a una rejilla, hasta que se enfríen por completo.

Cuando estén fríos, los descorazonamos (ver página 16) y los rellenamos con Nocilla. Decoramos con la crema suave de chocolate, preparada con Nocilla en lugar de chocolate negro. Yo he usado la manga pastelera con la boquilla de estrella cerrada y decoraciones comestibles en forma de corazoncitos de colores.

Ingredientes:

Para el bizcocho:
- 115g de mantequilla
- 220g de azúcar blanco
- 3 huevos
- 180g de harina
- 40g de cacao en polvo sin azúcar
- 1 y 1/2 cucharaditas de levadura
- 120ml de leche semidesnatada
- 1 cucharadita de extracto de vainilla

Para el relleno:
- Nocilla

Para la crema:
- 1 porción de crema de mantequilla de chocolate suave (ver página 18), sustituyendo el chocolate derretido por 150g de Nocilla

Pues sí, la Coca-Cola también puede "comerse"...
¡y con esta receta dan ganas de empezar y no parar!

Coca-Cola

Precalentamos el horno. En un bol, tamizamos la harina y la levadura y reservamos.

En un cazo, derretimos a fuego lento la mantequilla con la Coca-Cola y el cacao. Cuando se combinen, retiramos del fuego y añadimos el azúcar y la harina. Una vez que la mezcla sea homogénea, incorporamos los huevos y batimos de nuevo.

Repartimos la masa entre las cápsulas para cupcakes y horneamos unos 20 minutos. Desmoldamos y dejamos enfriar sobre una rejilla.

Mientras tanto, preparamos la crema, batiendo todos los ingredientes a velocidad media-alta durante 5 minutos. Para finalizar, decoramos los cupcakes con ayuda de la manga pastelera y bolitas de azúcar de color rojo.

*Truco: Para obtener un sabor más intenso puedes añadir una cucharadita de aroma de Coca-Cola a la masa y a la crema.

Ingredientes:

Para el bizcocho:
- 175ml de Coca-Cola
- 200g de harina
- 200g de azúcar blanco
- 1 cucharadita de levadura
- 2 huevos
- 1 cucharadita de extracto de vainilla
- 115g de mantequilla
- 2 cucharadas rasas de cacao en polvo sin azúcar

Para la crema:
- 115g de mantequilla sin sal
- 425g de azúcar superfino
- 85ml de Coca-Cola

de
¡Serás
y bien
felices
las
Coca-Cola
LA VIDA ESTA
ESTÁ EN LAS PEQUEÑAS

El título lo dice todo, ¿no? Si los hacéis, guardadme uno... ¡no puedo resistirme a la crema de cacahuete!

Crema de cacahuete

Precalentamos el horno y preparamos la bandeja para cupcakes con las cápsulas de papel. Tamizamos la harina con la levadura en un cuenco y reservamos.

Batimos la mantequilla con el azúcar hasta que se integren y la mezcla se aclare. Añadimos los huevos, uno a uno, batiendo hasta que se incorporen. Agregamos la crema de cacahuete y volvemos a batir hasta que la mezcla sea homogénea. Echamos la harina y batimos a velocidad baja hasta que esté bien combinada. A continuación, vertemos la leche, con el extracto de vainilla ya disuelto, y volvemos a batir.

Repartimos la mezcla en las cápsulas y horneamos 22-25 minutos. Dejamos enfriar los cupcakes en el molde 5 minutos y después pasamos a una rejilla, hasta que se enfríen por completo.

Para preparar la crema de mantequilla, batimos a velocidad media-alta la mantequilla, la crema de cacahuete y la nata hasta que la mezcla sea homogénea y tenga una textura suave. A continuación, añadimos el azúcar superfino tamizado. Cubriendo el bol, batimos al menos otros 5 minutos a velocidad media-alta. Decoramos los cupcakes con la manga pastelera.

Ingredientes para 9 cupcakes o 36 mini cupcakes:

Para el bizcocho:
- 55g de mantequilla
- 150g de azúcar blanco
- 3 huevos
- 150g de harina
- 60g de crema de cacahuete
- 1 cucharadita de levadura
- 60ml de leche semidesnatada
- 1 cucharadita de extracto de vainilla

Para la crema:
- 55g de mantequilla sin sal
- 150g de azúcar superfino
- 130g de crema de cacahuete
- 45ml de nata para montar

Mis favoritos del mundo mundial. Podría comerme una docena y tener ganas de más. Advierto: el merengue con sabor a nubes es especialmente adictivo. Si lo probáis lo mismo no podéis parar de comerlo... ¡y tendréis que salir a comprar más ingredientes para hacerlo de nuevo!

Chocolate con nubes

Precalentamos el horno y preparamos la bandeja para cupcakes con las cápsulas de papel. Tamizamos la harina con la levadura y el cacao en un cuenco y reservamos.

Batimos la mantequilla con el azúcar hasta que se integren y la mezcla se aclare. Añadimos los huevos, uno a uno, batiendo hasta que se incorporen. Agregamos la mitad de la harina y batimos a velocidad baja hasta que se mezcle bien. A continuación, vertemos la leche, con el extracto de vainilla disuelto, y volvemos a batir. Echamos la otra mitad de la harina y batimos a velocidad baja hasta que la mezcla sea homogénea.

Repartimos la mezcla en las cápsulas y horneamos 22-25 minutos. Dejamos enfriar los cupcakes en el molde 5 minutos y después los pasamos a una rejilla, hasta que se enfríen por completo. Cuando estén fríos, los descorazonamos (ver página 16) y los rellenamos con crema de nubes. Preparamos el merengue italiano, incorporamos el aroma de nubes y el colorante rosa y decoramos los cupcakes inmediatamente con una boquilla redonda y mininubes por encima.

Ingredientes:

Para el bizcocho:
- 115g de mantequilla
- 220g de azúcar blanco
- 3 huevos
- 180g de harina
- 40g de cacao en polvo sin azúcar
- 1 y 1/2 cucharaditas de levadura
- 120ml de leche semidesnatada
- 1 cucharadita de extracto de vainilla

Para el relleno:
- Crema de nubes (se comercializa con el nombre de *Marshmallow Fluff* en tiendas de productos americanos y especializadas en repostería)

Para el merengue italiano con sabor a nubes:
- 1 porción de merengue italiano (ver página 19)
- Aroma de nubes
- Colorante en pasta rosa
- Mini nubes

El día que hice estos cupcakes tuve que llamar a mi hermano urgentemente para que viniera a llevárselos lejos de mi presencia antes de que me comiera toda la hornada... ¡son irresistibles!

Caramelo

Precalentamos el horno y preparamos la bandeja para cupcakes con las cápsulas. Tamizamos la harina con la levadura y reservamos.

Batimos la mantequilla con el azúcar hasta que se integren y la mezcla se aclare. Añadimos los huevos, uno a uno, batiendo hasta que se incorporen. Agregamos la mitad de la harina y batimos a velocidad baja hasta que se integre. A continuación, vertemos la mitad de la leche, con el extracto de vainilla disuelto, y volvemos a batir. Echamos la otra mitad de la harina y el resto de la leche, y batimos. Después, ponemos las tres cucharadas de salsa de caramelo y removemos con la espátula hasta que esté totalmente combinada.

Repartimos la mezcla en las cápsulas y horneamos 22-25 minutos. Dejamos enfriar en el molde 5 minutos y después pasamos los cupcakes a una rejilla, hasta que se enfríen por completo. Descorazonamos los cupcakes y los rellenamos con la salsa de caramelo.

Para hacer la crema, preparamos la receta de merengue suizo y una vez conseguida una crema homogénea, añadimos las cucharadas de salsa de caramelo y batimos hasta que se incorporen por completo. Finalizamos la decoración con la manga pastelera y con un buen chorrito de caramelo por encima.

Ingredientes:

Para el bizcocho:
- 115g de mantequilla
- 220g de azúcar blanco
- 3 huevos
- 200g de harina
- 1 y 1/2 cucharaditas de levadura
- 120ml de leche semidesnatada
- 1 cucharadita de extracto de vainilla
- 3 cucharadas de salsa de *toffee* (o dulce de leche en su defecto)

Para rellenar:
- Más salsa de *toffee*

Para la crema:
- 1 porción de crema de mantequilla de merengue suizo (ver página 19)
- 4 cucharadas hermosas de salsa de *toffee*

Vistosos y sencillos, estos cupcakes harán las delicias de grandes y pequeños en todas las ocasiones que se presenten.

Sundae de cereza

Precalentamos el horno y preparamos la bandeja para cupcakes con las cápsulas de papel. Tamizamos la harina con la levadura en un cuenco y reservamos.

Batimos la mantequilla con el azúcar hasta que se integren y la mezcla se aclare. Añadimos los huevos, uno a uno, batiendo hasta que se incorporen. Agregamos la mitad de la harina y batimos a velocidad baja hasta que se mezcle. A continuación, vertemos la leche, con el extracto de vainilla disuelto, y volvemos a batir. Ponemos la otra mitad de la harina y batimos a velocidad baja hasta que la mezcla sea homogénea. Después echamos las cerezas, finamente picadas.

Repartimos la mezcla en las cápsulas y horneamos 22-25 minutos. Dejamos enfriar los cupcakes.

Preparamos la receta de crema de mantequilla de vainilla, y decoramos cada cupcake con la manga pastelera. Finalizamos la decoración con un buen chorrito de sirope de chocolate, adornitos comestibles, una cereza y algún cartelito de aire *vintage*.

Ingredientes:

Para el bizcocho:
- 115g de mantequilla
- 220g de azúcar blanco
- 3 huevos
- 200g de harina
- 1 y 1/2 cucharaditas de levadura
- 120ml de leche semidesnatada
- 1 cucharadita de extracto de vainilla
- 200g de cerezas deshuesadas o en almíbar, picadas

Para decorar:
- 1 porción de crema de mantequilla básica de vainilla (ver página 18)
- Sirope de chocolate
- Cerezas en almíbar para decorar

CHERRY

PASUND

Desde que era pequeñita, me ha parecido que la mejor parte de ir a las ferias en verano es comer uno de esos inmensos algodones de azúcar. Ahora, por fin, puedo comerlos todo el año... ¡y con forma de cupcake!

Algodón de azúcar

Precalentamos el horno y preparamos las cápsulas de cupcakes en la fuente de horno.

Batimos la mantequilla con el azúcar hasta que la mezcla esté cremosa. Añadimos los huevos, uno a uno, batiendo bien a velocidad baja, incorporamos la harina tamizada con la levadura y a continuación la leche. Después echamos el aroma de algodón de azúcar, para poder ajustar la cantidad a nuestro gusto. Teñimos con el colorante rosa en pasta.

Repartimos la mezcla entre los papelitos para cupcakes y horneamos en torno a 20-22 minutos. Dejamos enfriar 5 minutos en el molde y después los traspasamos a una rejilla.

Preparamos el merengue italiano, incorporando al final el aroma de nubes y el colorante rosa. Decoramos los cupcakes con una boquilla redonda y algodón de azúcar y los servimos inmediatamente.

Ingredientes:

Para el bizcocho:
- 200g de harina
- 200g de azúcar blanco
- 125g de mantequilla
- 120ml de leche semidesnatada
- 1 y 1/2 cucharaditas de levadura
- 2 cucharaditas de aroma de algodón de azúcar, o al gusto
- 3 huevos
- Colorante en pasta color rosa

Para el merengue de algodón de azúcar:
- 1 porción de merengue italiano (ver página 19)
- 1 cucharadita de aroma de algodón de azúcar
- Colorante en pasta rosa

Afrutados

Las fresas otorgan una esponjosidad alucinante a estos cupcakes. Son ideales para una tarde de primavera, acompañados de una taza de té afrutado.

Fresa

Precalentamos el horno y preparamos la bandeja para cupcakes con las cápsulas de papel. Trituramos las fresas con la picadora y las reservamos. Tamizamos la harina con la levadura en un cuenco y reservamos.

Batimos la mantequilla con el azúcar hasta que se integren y la mezcla se aclare. Agregamos los huevos, uno a uno, batiendo hasta que se mezclen bien. Echamos la mitad de la harina y batimos a velocidad baja hasta que se incorpore. A continuación, vertemos la leche, con el extracto de vainilla disuelto, y volvemos a batir. Añadimos la otra mitad de la harina y batimos a velocidad baja hasta que la mezcla sea homogénea. Incorporamos las fresas usando una espátula.

Repartimos la mezcla en las cápsulas y horneamos 22-25 minutos. Antes de preparar la crema de mantequilla, trituramos las fresas y reservamos. A continuación preparamos la crema de mantequilla, incorporando las fresas cuando la mezcla esté plenamente integrada y batiendo mínimo 5 minutos más a velocidad máxima. Si se corta, batiremos más tiempo poniendo una cucharada más de azúcar superfino para que tome la consistencia deseada.

Para terminar, decoramos los cupcakes usando la manga pastelera con una boquilla de estrella grande y una fresa natural.

Ingredientes:

Para el bizcocho:
- 120g de mantequilla
- 200g de azúcar blanco
- 3 huevos
- 200g de harina
- 1 y 1/2 cucharaditas de levadura
- 120ml de leche semidesnatada
- 1 cucharadita de extracto de vainilla
- 200g de fresas

Para la crema:
- Una porción de crema de mantequilla de vainilla
- 240g de fresas

Para la decoración:
- 12 fresas

La protagonista de estos cupcakes es una de mis frutas favoritas del mundo mundial. ¡Merece la pena probarlos!

Melocotón

Precalentamos el horno y preparamos la bandeja para cupcakes con las cápsulas de papel. Tamizamos la harina con la levadura en un cuenco y reservamos. Pelamos y picamos los melocotones y reservamos.

Batimos la mantequilla con el azúcar hasta que se integren y la mezcla se aclare. Echamos los huevos, uno a uno, batiendo hasta que se incorporen. Añadimos la mitad de la harina y batimos a velocidad baja hasta que se mezcle bien. A continuación, vertemos la leche, con el extracto de vainilla disuelto, y volvemos a batir. Agregamos la otra mitad de la harina y batimos a velocidad baja hasta que la mezcla sea homogénea. Incorporamos el melocotón picado y repartimos la mezcla en las cápsulas. Horneamos 22-25 minutos.

Una vez fríos, los descorazonamos y los rellenamos de mermelada de melocotón. Preparamos una porción de crema de mantequilla, incorporando el aroma de melocotón justo al final. Decoramos los cupcakes usando la manga pastelera y una rosa de color melocotón con hojas verdes hechas con *fondant*.

Ingredientes:

Para el bizcocho:

- 120g de mantequilla
- 180g de azúcar blanco
- 3 huevos
- 230g de harina
- 2 cucharaditas de levadura
- 120ml de leche semidesnatada
- 1 cucharadita de extracto de vainilla
- 2 melocotones maduros

Para la crema:

- 1 porción de crema de mantequilla básica de vainilla (ver página 18)
- Aroma de melocotón

Para el relleno:

- Mermelada de melocotón

Para decorar:

- 1 rosa de *fondant* para cada cupcake (ver página 17)
- Hojas de *fondant*

¡Son una delicia muy primaveral! Si queréis rellenarlos, no dudéis en preparar un poco de la crema de limón que aparece en la receta de los de merengue de limón en la página 34... ¡ñam!

Limón

Precalentamos el horno y preparamos la bandeja para cupcakes con las cápsulas de papel. Tamizamos la harina con la levadura en un cuenco y reservamos.

Batimos la mantequilla con el azúcar hasta que se integren y la mezcla se aclare. Echamos los huevos, uno a uno, batiendo hasta que se incorporen. Añadimos la mitad de la harina y batimos a velocidad baja hasta que se mezcle bien. A continuación, vertemos la leche, con el extracto de limón disuelto y la piel rallada, y volvemos a batir. Agregamos la otra mitad de la harina y batimos a velocidad baja hasta que la mezcla sea homogénea.

Repartimos la mezcla en las cápsulas y horneamos 22-25 minutos. Preparamos una porción de crema de mantequilla, sustituyendo el extracto de vainilla por el de limón e incorporando la piel rallada justo al final. Decoramos los cupcakes usando la manga pastelera y unas margaritas hechas de *fondant*.

Ingredientes:

Para el bizcocho:
- 120g de mantequilla
- 220g de azúcar blanco
- 3 huevos
- 200g de harina
- 2 cucharaditas de levadura
- 120ml de leche semidesnatada
- 1 cucharadita de extracto de limón
- La ralladura de la piel de 1 limón

Para la crema:
- 1 porción de crema de mantequilla básica de vainilla (ver página 18)
- 1 cucharadita de extracto de limón
- La ralladura muy fina de la piel de 1/2 limón

Cuando era pequeña me sorprendía que mi abuela Felichu prefiriera la mermelada de naranja a la de fresa. Uno de mis mejores recuerdos de infancia son aquellos desayunos en su casa en Bilbao, en los que ella tomaba tostadas con mermelada de naranja y yo me ponía hasta arriba de mermelada de fresa. Hoy, mi mermelada favorita es la de naranja y en honor a mi abuela y a aquellos desayunos, he creado esta receta.

Naranja

Precalentamos el horno y preparamos la bandeja para cupcakes con las cápsulas de papel. Tamizamos la harina con la levadura en un cuenco y reservamos.

Batimos la mantequilla con el azúcar hasta que se integren y la mezcla se aclare. Añadimos los huevos, uno a uno, batiendo hasta que se incorporen. Agregamos la mitad de la harina y batimos a velocidad baja hasta que se mezcle bien. A continuación, echamos la leche, con el extracto de naranja disuelto y la piel rallada, y volvemos a batir. Ponemos la otra mitad de la harina y batimos a velocidad baja hasta que la mezcla sea homogénea.

Repartimos la mezcla en las cápsulas y horneamos 22-25 minutos. Una vez fríos, los descorazonamos y los rellenamos con mermelada de naranja.

Preparamos una porción de crema de mantequilla, sustituyendo el extracto de vainilla por el de naranja e incorporando la cáscara rallada justo al final. Decoramos los cupcakes usando la manga pastelera y caramelos.

Ingredientes:

Para el bizcocho:
- 120g de mantequilla
- 200g de azúcar blanco
- 3 huevos
- 200g de harina
- 1 y 1/2 cucharaditas de levadura
- 120ml de leche semidesnatada
- 1 cucharadita de extracto de naranja
- La ralladura de la piel de 1 naranja

Para el relleno:
- Mermelada de naranja

Para la crema:
- 1 porción de crema de mantequilla básica de vainilla (ver página 18)
- 1 cucharadita de extracto de naranja
- La ralladura muy fina de la piel de naranja

¡A jugosos no les gana nadie!

Plátano

Precalentamos el horno y preparamos la bandeja para cupcakes con las cápsulas de papel. Tamizamos la harina con la levadura en un cuenco y reservamos. Hacemos puré los plátanos y reservamos.

Batimos la mantequilla con el azúcar hasta que se integren y la mezcla se aclare. Añadimos los huevos, uno a uno, batiendo hasta que se incorporen. Agregamos la mitad de la harina y batimos a velocidad baja hasta que se mezcle bien. A continuación, vertemos la leche, con el extracto de vainilla disuelto, y volvemos a batir. Echamos la otra mitad de la harina y batimos a velocidad baja hasta que la mezcla sea homogénea. Ponemos el pure de plátano y repartimos la mezcla en las cápsulas.

Horneamos 22-25 minutos. Preparamos una porción de crema de mantequilla, incorporando el plátano machacado justo al final. Decoramos los cupcakes usando la manga pastelera y el plátano deshidratado en rodajitas.

Ingredientes:

Para el bizcocho:
- 120g de mantequilla
- 180g de azúcar blanco
- 3 huevos
- 230g de harina
- 2 cucharaditas de levadura
- 120ml de leche semidesnatada
- 1 cucharadita de extracto de vainilla
- 2 plátanos medianos maduros

Para la crema:
- 1 porción de crema de mantequilla básica de vainilla (ver página 18)
- 1 plátano bien maduro

Para decorar:
- Plátano deshidratado

Cupcakes con extra de fibra... ¡y sabor a verano!

Kiwi

Precalentamos el horno y preparamos la bandeja con las cápsulas de papel. Tamizamos la harina con la levadura en un cuenco y reservamos.

Batimos la mantequilla con el azúcar hasta que se integren y la mezcla se aclare. Añadimos los huevos, uno a uno, batiendo hasta que se incorporen. Agregamos la mitad de la harina y batimos a velocidad baja hasta que se mezcle bien. A continuación, vertemos la leche y volvemos a batir. Echamos la otra mitad de la harina y batimos a velocidad baja hasta que la mezcla sea homogénea. Incorporamos los kiwis y repartimos la mezcla en las cápsulas.

Horneamos 22-25 minutos. Preparamos una porción de crema de mantequilla y decoramos los cupcakes usando la manga pastelera, la salsa de kiwi y las rodajas de kiwi natural.

Ingredientes:

Para el bizcocho:
- 120g de mantequilla
- 180g de azúcar blanco
- 3 huevos
- 230g de harina
- 2 cucharaditas de levadura
- 120ml de leche semidesnatada
- 2 kiwis pelados y picados en dados

Para decorar:
- 1 porción de crema de mantequilla básica de vainilla (ver página 18)
- Salsa o sirope de kiwi
- Rodajas de kiwi natural

Para mayores
de edad

Café y chocolate...
¡no se me ocurre una combinación más deliciosa!

Mocha

Precalentamos el horno y preparamos la bandeja con las cápsulas de papel. Tamizamos la harina con la levadura y el cacao en un cuenco y reservamos.

Batimos la mantequilla con el azúcar hasta que se integren y la mezcla se aclare. Añadimos el huevo, batiendo hasta que se incorpore. Echamos la mitad de la harina y batimos a velocidad baja hasta que se mezcle. A continuación, vertemos la leche, con el extracto de vainilla y el café disueltos, y volvemos a batir. Ponemos la otra mitad de la harina y batimos a velocidad baja hasta que la mezcla sea homogénea.

Repartimos la mezcla en las cápsulas y horneamos 22-25 minutos. Preparamos una porción de crema de queso, usando queso mascarpone, y decoramos los cupcakes con la manga pastelera, y finalizamos con un poco de cacao en polvo.

Ingredientes:

Para el bizcocho:
- 150g de harina
- 50g de cacao sin azúcar
- 1 y 1/2 cucharaditas de levadura
- 110ml de leche semidesnatada
- 110ml de café expreso
- 1 cucharadita de extracto de vainilla
- 115g de mantequilla
- 120g de azúcar
- 1 huevo

Para la crema:
- 1 porción de crema de queso mascarpone (ver página 19)

Cuando mi hermano los probó, afirmó que eran como bombones de licor en versión XXL. Cuidado con no cargarlos demasiado con la crema irlandesa... ¡o tus invitados se emborracharán de cupcakes!

Crema irlandesa con chocolate

Precalentamos el horno y preparamos la bandeja con las cápsulas de papel. Tamizamos la harina con el cacao y la levadura en un cuenco y reservamos.

Batimos la mantequilla con el azúcar hasta que se integren y la mezcla se aclare. Añadimos los huevos, uno a uno, batiendo hasta que se incorporen. Echamos la mitad de la harina y batimos a velocidad baja hasta que se mezcle bien. A continuación, vertemos la leche, con la crema irlandesa disuelta, y volvemos a batir. Agregamos la otra mitad de la harina y batimos a velocidad baja hasta que el resultado sea homogéneo.

Repartimos la mezcla en las cápsulas y horneamos 22-25 minutos. Dejamos enfriar los cupcakes en el molde 5 minutos y después los pasamos a una rejilla, hasta que se enfríen por completo.

Preparamos la crema intensa de chocolate, sustituyendo 50ml de leche por 50ml de crema irlandesa. Decoramos los cupcakes usando la manga pastelera con la boquilla de estrella cerrada y perlas de azúcar.

Ingredientes:

Para el bizcocho:
- 115g de mantequilla
- 120g de azúcar blanco
- 3 huevos
- 150g de harina
- 50g de cacao
- 1 y 1/2 cucharaditas de levadura
- 60ml de leche semidesnatada
- 60ml de crema irlandesa

Para la crema:
- 1 porción de crema de chocolate intenso (ver página 18)
- 50ml de crema irlandesa

Para decorar:
- Perlas de azúcar

Ron con chocolate y coco

Precalentamos el horno y preparamos la bandeja con las cápsulas de papel. Tamizamos la harina con el cacao y la levadura en un cuenco y reservamos.

Batimos la mantequilla con el azúcar hasta que se integren y la mezcla se aclare. Añadimos los huevos, uno a uno, batiendo hasta que se incorporen. Agregamos la mitad de la harina y batimos a velocidad baja hasta que se mezcle. A continuación, vertemos la leche, con el ron disuelto, y volvemos a batir. Ponemos la otra mitad de la harina y batimos a velocidad baja hasta que la mezcla sea homogénea.

Repartimos la mezcla en las cápsulas y horneamos 22-25 minutos. Mientras se hornean los cupcakes, preparamos el almíbar en un cazo, calentando el azúcar con el agua hasta que la mezcla hierva. Retiramos del fuego, vertemos el ron y dejamos templar.

Nada más sacar los cupcakes del horno, pinchamos su superficie varias veces con un palillo y los pintamos con el almíbar. Dejamos enfriar los cupcakes por completo antes de decorarlos. Mientras, preparamos la crema de mantequilla de chocolate con ron. Para finalizar decoramos los cupcakes usando la manga pastelera con una boquilla de estrella cerrada y coco rallado espolvoreado por encima.

Ingredientes:

Para el bizcocho:
- 115g de mantequilla
- 120g de azúcar blanco
- 2 huevos
- 150g de harina
- 50g de cacao
- 1 y 1/2 cucharaditas de levadura
- 110ml de leche de coco
- 60ml de ron

Para el almíbar:
- 100g de azúcar blanco
- 100ml de agua
- 30ml de ron

Para decorar:
- 1 porción de crema de mantequilla de chocolate intenso (ver página 18), sustituyendo los 105ml de leche por una mezcla de 75ml de leche de coco y 30ml de ron
- 30ml de ron
- Coco rallado

Piña, coco y ron... Estos cupcakes serán el acompañamiento perfecto para tus fiestas. Prepáralos en versión minicupcake para darle un toque dulce a las reuniones de amigos.

Ron de coco con piña

Precalentamos el horno y preparamos la bandeja con las cápsulas de papel. Tamizamos la harina con la levadura en un cuenco y reservamos.

Batimos la mantequilla con el azúcar hasta que se integren y la mezcla se aclare. Echamos los huevos, uno a uno, batiendo hasta que se incorporen. Añadimos la mitad de la harina y batimos a velocidad baja hasta que se mezcle. A continuación, vertemos la leche de coco y volvemos a batir. Ponemos la otra mitad de la harina y batimos a velocidad baja hasta que la mezcla sea homogénea.

Repartimos la mezcla en las cápsulas y horneamos 22-25 minutos. Mientras se hornean los cupcakes, preparamos el almíbar en un cazo, calentando el azúcar con el agua hasta que la mezcla hierva. Retiramos del fuego, incorporamos el ron y el aroma de piña y dejamos templar. Nada más sacar los cupcakes del horno, pinchamos su superficie varias veces con un palillo, los pintamos con el almíbar y los dejamos enfriar. Para preparar la crema de mantequilla hemos de tamizar el azúcar superfino y colocarlo en un cuenco junto con la mantequilla, el aroma de piña y la leche de coco. Cubriendo el cuenco, batimos primero a velocidad baja durante un minuto. Incorporamos el ron y batimos, al menos, 4 minutos más a velocidad alta hasta que la mezcla esté plenamente integrada.

Decoramos los cupcakes usando la manga pastelera con una boquilla de estrella cerrada, adornos comestibles verde-lima y sombrillitas de cóctel.

Ingredientes:

Para el bizcocho:
- 120g de mantequilla
- 180g de azúcar blanco
- 3 huevos
- 200g de harina
- 1 y 1/2 cucharaditas de levadura
- 120ml de leche de coco

Para el almíbar:
- 50ml de agua
- 50g de azúcar blanco
- 30ml de ron de coco
- 1 cucharadita de aroma de piña

Para la crema:
- 150g de mantequilla
- 400g de azúcar superfino
- 3 cucharadas de ron de coco
- 2 cucharadas de leche de coco
- 1/2 cucharadita de aroma de piña

Sin duda, el cappuccino es una de mis bebidas favoritas...
En este caso, con forma de cupcake y acompañado por el
queso que mejor combina con el café: el mascarpone.

Cappuccino

Precalentamos el horno y preparamos la bandeja con las cápsulas
de papel. Tamizamos la harina con la levadura, el cacao y el café
en un cuenco y reservamos.

Batimos la mantequilla con el azúcar hasta que se integren y la
mezcla se aclare. Añadimos los huevos, uno a uno, batiendo hasta
que se incorporen. Echamos la mitad de la harina y batimos a velocidad baja hasta que se mezcle. A continuación, vertemos la leche,
y volvemos a batir. Ponemos la otra mitad de la harina y batimos a
velocidad baja hasta que la mezcla sea homogénea.

Repartimos la mezcla en las cápsulas y horneamos 22-25 minutos.
Mientras se hornean los cupcakes, preparamos el almíbar en un
cazo, calentando el azúcar con el agua hasta que la mezcla hierva. Retiramos del fuego, incorporamos el licor de café y dejamos
templar.

Nada más sacar los cupcakes del horno, pinchamos su superficie
varias veces con un palillo y los pintamos con el almíbar. Dejamos
enfriar los cupcakes en el molde 5 minutos y después pasamos
a una rejilla, hasta que se enfríen por completo. Preparamos la
crema de queso y la aplicamos con una espátula. Decoramos con
cacao en polvo y... ¡a comeeeeeeer!

Ingredientes:

Para el bizcocho:
- 115g de mantequilla
- 220g de azúcar blanco
- 3 huevos
- 200g de harina
- 1 y 1/2 cucharaditas de levadura
- 2 cucharaditas de café expreso
- 150ml de leche
- 1 cucharada de cacao en polvo sin
  azúcar

Para el almíbar:
- 50ml de agua
- 50g de azúcar
- 2 cucharadas de licor de café

Para la crema:
- 1 porción de crema de queso preparada
  con mascarpone (ver página 19)

Para decorar:
- Cacao en polvo

La versión cupcake del tiramisú es un éxito asegurado. Si no tenemos vino de Marsala, podemos usar jerez o *amaretto* y estarán igual de buenos.

Tiramisú

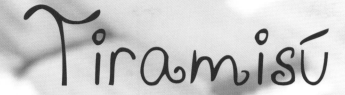

Precalentamos el horno y preparamos la bandeja para cupcakes con las cápsulas de papel. Tamizamos la harina con la levadura en un cuenco y reservamos.

Batimos la mantequilla con el azúcar hasta que se integren y la mezcla se aclare. Echamos los huevos, uno a uno, batiendo hasta que se incorporen. Añadimos la mitad de la harina y batimos a velocidad baja hasta que se mezcle. A continuación, vertemos la leche con el extracto de vainilla disuelto, y volvemos a batir. Ponemos la otra mitad de la harina y batimos a velocidad baja hasta que la mezcla sea homogénea.

Repartimos la mezcla en las cápsulas y horneamos 22-25 minutos. Mientras se hornean los cupcakes, echamos el azúcar en el café caliente, removiendo hasta que se disuelva. Incorporamos el vino de Marsala y dejamos templar.

Nada más sacar los cupcakes del horno, pinchamos su superficie varias veces con un palillo y los pintamos con el almíbar. Dejamos enfriar los cupcakes por completo antes de decorar.

Para preparar la crema hemos de montar la nata. Por otro lado, batimos el mascarpone con el azúcar superfino a velocidad baja durante un minuto. Una vez mezclados, añadimos la nata montada con ayuda de una lengua, mediante movimientos envolventes, hasta que la mezcla sea homogénea. Decoramos los cupcakes con una boquilla redonda y cacao en polvo espolvoreado por encima.

Ingredientes:

Para el bizcocho:
- 115g de mantequilla
- 220g de azúcar
- 2 huevos
- 200g de harina
- 1 y 1/2 cucharaditas de levadura
- 1 cucharadita de extracto de vainilla
- 150ml de leche

Para el almíbar:
- 100ml de café caliente
- 30g de azúcar
- 75ml de vino de Marsala

Para la crema:
- 250g de queso mascarpone
- 250g de nata para montar
- 100g de azúcar superfino

Para decorar:
- Cacao en polvo

La versión cupcake de esta bebida tradicional india es, probablemente, uno de los mejores acompañantes para una tarde de lectura en el sillón. Una buena taza de té, un libro y un cupcake de *chai latte* de vainilla... ¿quién da más?

Chai latte de vainilla

Precalentamos el horno y preparamos la bandeja con las cápsulas de papel. Calentamos la leche y disolvemos en ella las cucharadas del preparado para *chai latte* (en su defecto, infusionamos las bolsitas de té chai durante 5 minutos). Dejamos templar. Reservamos 3 cucharadas de esta leche para la crema de mantequilla. Tamizamos la harina con la levadura en un cuenco y reservamos.

Batimos la mantequilla con el azúcar hasta que se integren y la mezcla se aclare. Añadimos los huevos, uno a uno, batiendo hasta que se incorporen. Echamos la mitad de la harina y batimos a velocidad baja hasta que se mezcle. A continuación, vertemos la leche infusionada con chai y volvemos a batir. Ponemos la otra mitad de la harina y batimos a velocidad baja hasta que la mezcla sea homogénea.

Repartimos la mezcla en las cápsulas y horneamos 22-25 minutos. Dejamos enfriar los cupcakes por completo. Preparamos la crema de queso, usando tres cucharadas de la leche infusionada con el chai que habíamos reservado. Decoramos los cupcakes con la manga pastelera.

*Truco: para hacer una decoración de estilo hindú, podemos recortar unas blondas de fondant coloreadas y, a continuación, hacerles unas estampaciones con pigmentos dorados con plantillas para decorar (stencils).

Ingredientes:

Para el bizcocho:
- 115g de mantequilla
- 220g de azúcar blanco
- 3 huevos
- 200g de harina
- 1 y 1/2 cucharaditas de levadura
- 150ml de leche semidesnatada
- 4 cucharadas de preparado instantáneo *chai latte* de vainilla (o dos bolsitas de té chai en su defecto)

Para la crema:
- 1 porción de crema de queso mascarpone (ver página 19)

Hace unos años estuve con mi hermano en Japón y participé en la ceremonia del té de un templo de Kamakura. Desde entonces estoy enamorada del matcha y no he parado hasta lograr una receta de cupcakes en la que realmente se aprecien todos los matices de su sabor.

Matcha

Precalentamos el horno y preparamos la bandeja con las cápsulas de papel. Tamizamos la harina con la levadura en un cuenco y reservamos.

Batimos la mantequilla con el azúcar hasta que se integren y la mezcla se aclare. Añadimos los huevos, uno a uno, batiendo hasta que se incorporen. Echamos la mitad de la harina y batimos a velocidad baja hasta que se mezcle. A continuación, vertemos la leche y el matcha y volvemos a batir. Ponemos la otra mitad de la harina y batimos a velocidad baja hasta que la mezcla sea homogénea.

Repartimos la mezcla en las cápsulas y horneamos 22-25 minutos. Dejamos enfriar los cupcakes en el molde 5 minutos y después pasamos a una rejilla, hasta que se enfríen por completo.

Preparamos una porción de crema de mantequilla básica de vainilla, sustituyendo el extracto de vainilla por el matcha. Decoramos los cupcakes con la manga pastelera.

Ingredientes:

Para el bizcocho:
- 115g de mantequilla
- 220g de azúcar blanco
- 3 huevos
- 200g de harina
- 1 y 1/2 cucharaditas de levadura
- 120ml de leche semidesnatada
- 4 cucharaditas de té matcha

Para la crema:
- 1 porción de crema de mantequilla básica de vainilla (ver página 18), sustituyendo el extracto de vainilla por dos cucharaditas de matcha, o al gusto

Hace tiempo hice unos cupcakes de chocolate a la menta que usaban aroma de menta para darle el toque mentolado... En esta ocasión he preferido pasarme a la versión alcoholizada de los mismos, e incorporar el licor de menta en el bizcocho, el almíbar y la crema.

Chocolate a la menta

Precalentamos el horno y preparamos la bandeja con las cápsulas de papel. Tamizamos la harina con el cacao y la levadura en un cuenco y reservamos.

Batimos la mantequilla con el azúcar hasta que se integren y la mezcla se aclare. Añadimos los huevos, uno a uno, batiendo hasta que se incorporen. Echamos la mitad de la harina y batimos a velocidad baja hasta que se mezcle. A continuación, vertemos la leche con el licor disuelto, y volvemos a batir. Ponemos la otra mitad de la harina y batimos a velocidad baja hasta que la mezcla sea homogénea.

Repartimos la mezcla en las cápsulas y horneamos 22-25 minutos. Mientras se hornean los cupcakes, preparamos el almíbar en un cazo, calentando el azúcar con el agua hasta que la mezcla hierva. Retiramos del fuego, incorporamos el licor y dejamos templar.

Nada más sacar los cupcakes del horno, pinchamos su superficie varias veces con un palillo y los pintamos con el almíbar. Dejamos enfriar los cupcakes. Preparamos la crema intensa de chocolate, sustituyendo parte de la leche por el licor de menta. Decoramos los cupcakes usando la manga pastelera con la boquilla de estrella cerrada y le damos el toque final colocando unas hojas verdes hechas de *fondant*.

Ingredientes:

Para el bizcocho:
- 115g de mantequilla
- 120g de azúcar blanco
- 3 huevos
- 150g de harina
- 50g de cacao
- 1 y 1/2 cucharaditas de levadura
- 140ml de leche semidesnatada
- 30ml de licor de menta

Para el almíbar:
- 100g de azúcar blanco
- 100ml de agua
- 50ml de licor de menta

Para la crema:
- 1 porción de crema de mantequilla de chocolate intenso (ver página 18), sustituyendo los 105ml de leche por una mezcla de 65ml de leche y 40ml de licor de menta

Sin duda, era obligado que convirtiera el helado favorito de mi padre en cupcakes. Aquí está, para que podáis disfrutarlo vosotros también, en invierno o en verano.

Ron con pasas

Precalentamos el horno y preparamos la bandeja con las cápsulas de papel. Tamizamos la harina con la levadura en un cuenco y reservamos.

Batimos la mantequilla con el azúcar hasta que se integren y la mezcla se aclare. Echamos los huevos, uno a uno, batiendo hasta que se incorporen. Añadimos la mitad de la harina y batimos a velocidad baja hasta que se mezcle. A continuación, vertemos la leche y volvemos a batir. Ponemos la otra mitad de la harina y batimos a velocidad baja hasta que la mezcla sea homogénea. Agregamos las pasas con ayuda de la espátula.

Repartimos la mezcla en las cápsulas y horneamos 22-25 minutos. Dejamos enfriar los cupcakes en el molde 5 minutos y después los pasamos a una rejilla, hasta que se enfríen por completo.

Preparamos la crema de mantequilla de vainilla, sustituyendo la leche y el extracto de vainilla por ron. Incorporamos las pasas y decoramos los cupcakes con ayuda de la espátula.

Ingredientes:

Para el bizcocho:
- 115g de mantequilla
- 200g de azúcar blanco
- 3 huevos
- 200g de harina
- 1 y 1/2 cucharaditas de levadura
- 120ml de leche semidesnatada
- 3 cucharadas de pasas maceradas en ron durante 1 hora

Para la crema:
- 1 porción de crema de mantequilla básica de vainilla (ver página 18), sustituyendo la leche y el extracto de vainilla por 45ml de ron
- 2 cucharadas de pasas

¡Sofisticados a más no poder!

Appletini

Precalentamos el horno y preparamos la bandeja con las cápsulas de papel. Tamizamos la harina con la levadura en un cuenco y reservamos.

Batimos la mantequilla con el azúcar hasta que se integren y la mezcla se aclare. Añadimos los huevos, uno a uno, batiendo hasta que se incorporen. Echamos la mitad de la harina y batimos a velocidad baja hasta que se mezcle. A continuación, vertemos la leche y volvemos a batir. Ponemos la otra mitad de la harina y batimos a velocidad baja hasta que la mezcla sea homogénea. Agregamos la manzana verde picada.

Repartimos la mezcla en las cápsulas y horneamos 22-25 minutos. Mientras se hornean los cupcakes preparamos el almíbar en un cazo, calentando el azúcar con el agua hasta que la mezcla hierva. Retiramos del fuego, incorporamos el vodka y dejamos templar. Nada más sacar los cupcakes del horno, pinchamos su superficie varias veces con un palillo, los pintamos con el almíbar y los dejamos enfriar.

Preparamos la crema de mantequilla básica de vainilla, sustituyendo la leche por el vodka y el extracto de vainilla por el aroma de manzana verde. Teñimos con colorante verde en pasta. Decoramos los cupcakes usando la manga pastelera y una guinda verde.

Ingredientes:

Para el bizcocho:
- 115g de mantequilla
- 200g de azúcar blanco
- 3 huevos
- 200g de harina
- 1 y 1/2 cucharaditas de levadura
- 60ml de leche semidesnatada
- 1 manzana verde, tipo Granny Smith, pelada y picada en cubitos

Para el almíbar:
- 50ml de agua
- 50g de azúcar blanco
- 30ml de vodka

Para la crema:
- 1 porción de crema de mantequilla básica de vainilla (ver página 18), sustituyendo la leche por 30ml de vodka y el extracto de vainilla por 1 cucharadita de manzana verde en pasta
- Colorante verde en pasta (opcional)
- Guindas verdes

Están deliciosos. Increíbles. Jugosos. ¡Pecaminosos!

Chocolate negro con chips de chocolate blanco

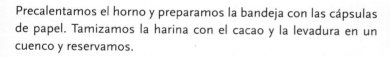

Precalentamos el horno y preparamos la bandeja con las cápsulas de papel. Tamizamos la harina con el cacao y la levadura en un cuenco y reservamos.

Batimos la mantequilla con el azúcar hasta que se integren y la mezcla se aclare. Añadimos los huevos, uno a uno, batiendo hasta que se incorporen. Echamos la mitad de la harina y batimos a velocidad baja hasta que se mezcle. A continuación, vertemos la leche con el extracto de vainilla disuelta y volvemos a batir. Ponemos la otra mitad de la harina y batimos a velocidad baja hasta que la mezcla sea homogénea. Agregamos los *chips* de chocolate blanco con la ayuda de la espátula.

Repartimos la mezcla en las cápsulas y horneamos 22-25 minutos. Dejamos enfriar los cupcakes en el molde 5 minutos y después los pasamos a una rejilla, hasta que se enfríen por completo. Preparamos la crema de mantequilla de chocolate suave y decoramos los cupcakes usando la manga pastelera con una boquilla de estrella cerrada.

Ingredientes:

Para el bizcocho:
- 115g de mantequilla
- 120g de azúcar blanco
- 3 huevos
- 150g de harina
- 50g de cacao
- 1 y 1/2 cucharaditas de levadura
- 1 cucharadita de extracto de vainilla
- 140ml de leche semidesnatada
- 130g de *chips* de chocolate blanco

Para la crema:
- 1 porción de crema de mantequilla de chocolate suave (ver página 18)

La versión adulta de los cupcakes de Nocilla.
Un poco menos de cacao y mucho más licor de avellanas...

Avellanas con chocolate

Precalentamos el horno y preparamos la bandeja con las cápsulas de papel. Tamizamos la harina con la levadura y reservamos.

Batimos la mantequilla con el azúcar hasta que se integren y la mezcla se aclare. Añadimos los huevos, uno a uno, batiendo hasta que se incorporen. Echamos la mitad de la harina y batimos a velocidad baja hasta que se mezcle. A continuación, vertemos la leche, con el licor de avellanas disuelto, y volvemos a batir. Ponemos la otra mitad de la harina y batimos a velocidad baja hasta que la mezcla sea homogénea.

Repartimos la mezcla en las cápsulas y horneamos 22-25 minutos. Dejamos enfriar los cupcakes en el molde 5 minutos y después los pasamos a una rejilla, hasta que se enfríen por completo.

Preparamos la crema suave de chocolate, añadiéndole 3 cucharaditas de licor de avellana una vez preparada y batiendo, al menos, 3 minutos más. Decoramos con la manga pastelera y cigarritos de chocolate.

Ingredientes:

Para el bizcocho:
- 115g de mantequilla
- 220g de azúcar blanco
- 3 huevos
- 200g de harina
- 1 y 1/2 cucharaditas de levadura
- 60ml de leche semidesnatada
- 60ml de licor de avellanas

Para la crema:
- 1 porción de crema de mantequilla de chocolate suave (ver página 18)
- 3 cucharaditas de licor de avellanas

Para decorar:
- Cigarritos de chocolate

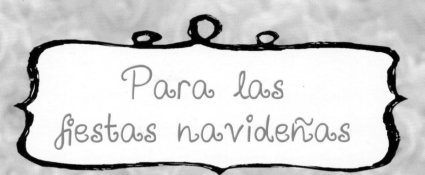

Para las
fiestas navideñas

Son delicados y sofisticados.
Perfectos para Navidad y
Nochevieja, pero también para
bodas, comuniones, cumpleaños...

Rosas

Precalentamos el horno y preparamos las cápsulas de papel en la fuente de horno. Tamizamos la harina con la levadura y reservamos.

Batimos la mantequilla con el azúcar hasta que la mezcla esté cremosa. Añadimos los huevos, uno a uno, con la batidora a velocidad media-baja. Echamos la mitad de la harina y, a continuación, la leche con el extracto de vainilla disuelto. Después, incorporamos el resto de la harina y, cuando la mezcla sea homogénea, la pasta de rosas, para poder ajustar la cantidad a nuestro gusto.

Repartimos la mezcla entre las cápsulas para cupcakes y horneamos en torno a 20-22 minutos. Dejamos enfriar.

Preparamos la crema de mantequilla básica de vainilla, incorporando la pasta de rosas al final, para ajustar la cantidad a nuestro gusto. Teñimos usando el colorante rosa. Para finalizar, decoramos con una boquilla de estrella abierta y rosas cristalizadas.

*Truco: puedes crear tus propias rosas cristalizadas bañando rosas comestibles en clara de huevo ligeramente batida y, después, rebozándolas con azúcar. Hay que dejarlas reposar 24 horas.

Ingredientes:

Para el bizcocho:
- 80g mantequilla
- 200g azúcar blanco
- 220g harina
- 1 cucharadita de levadura
- 120ml leche semidesnatada
- 3 huevos
- 1 cucharadita de pasta de rosas
- 1 cucharadita de extracto de vainilla

Crema de rosas:
- 1 porción de crema de mantequilla básica de vainilla (ver página 18)
- 1 cucharada de pasta de rosas
- Colorante rosa en pasta
- Rosas cristalizadas

Frambuesas con cava

Precalentamos el horno y preparamos las cápsulas de papel en la fuente de horno. Tamizamos la harina con la levadura y reservamos.

Batimos la mantequilla con el azúcar hasta que se integren y la mezcla se aclare. Añadimos los huevos, batiendo hasta que se incorporen. Echamos la mitad de la harina y batimos a velocidad más baja hasta que se mezcle. A continuación, vertemos la leche sin dejar de batir a velocidad baja. Ponemos la otra mitad de la harina y después el marc de cava.

Repartimos la mezcla en las cápsulas y horneamos 20-22 minutos. Dejamos enfriar en el molde por completo. Para rellenarlos, preparamos un puré cociendo 200g de frambuesas con 4 cucharadas de azúcar a fuego lento y sin dejar de remover. Dejamos enfriar y la usamos para rellenar los cupcakes.

Preparamos la crema básica de vainilla, sustituyendo la leche por marc de cava al gusto. Teñimos con el colorante en pasta y decoramos los cupcakes con ayuda de la manga pastelera. Para darles el toque final, adornamos cada cupcake con un par de frambuesas.

Ingredientes:

Para el bizcocho:
- 115g de mantequilla
- 220g de azúcar
- 250g de harina
- 1 y 1/2 cucharaditas de levadura
- 80ml de leche semidesnatada
- Marc de cava al gusto
- 3 huevos

Para el relleno:
- 200g de frambuesas
- 4 cucharadas de azúcar

Para la crema:
- 1 porción de crema de mantequilla básica de vainilla (ver página 18), sustituyendo la leche por marc de cava al gusto
- Colorante en pasta color frambuesa

¡Colorante verde, perlas de colores y una pequeña estrella de fondant es todo lo que necesitamos para convertir unos deliciosos cupcakes de manzana y canela en un árbol de navidad espectacular!

Árbol de Navidad de manzana y canela

Hervimos la leche con dos palos de canela y la dejamos templar. Reservamos 3 buenas cucharadas para hacer la crema de mantequilla. Precalentamos el horno y preparamos la bandeja con las cápsulas. Tamizamos la harina con la levadura y la canela en polvo y reservamos.

Batimos la mantequilla con el azúcar hasta que se integren y la mezcla se aclare. Añadimos los huevos, uno a uno, batiendo hasta que se incorporen. Echamos la mitad de la harina y batimos a velocidad más baja hasta que se mezcle. A continuación, vertemos la leche infusionada con canela y volvemos a batir. Ponemos la otra mitad de la harina y batimos hasta que la mezcla sea homogénea. Con ayuda de la espátula, agregamos la manzana picada.

Repartimos la mezcla en las cápsulas y horneamos 22-25 minutos. Dejamos enfriar por completo. Preparamos la crema de mantequilla de vainilla, usando las 3 cucharadas de la leche que habíamos reservado al hacer el bizcocho. Teñimos la crema de mantequilla de verde con el colorante en pasta.

Para hacer la forma del árbol con la crema de mantequilla cogemos la manga pastelera y hacemos una espiral sobre los cupcakes, empezando desde fuera hacia dentro, en el sentido de las agujas del reloj, y dándole dos vueltas completas. Para finalizar, decoramos con las perlitas de colores y las estrellitas de *fondant*.

Ingredientes:

Para el bizcocho:
- 115g de mantequilla
- 220g de azúcar blanco
- 3 huevos
- 220g de harina
- 1 y 1/2 cucharaditas de levadura
- 150ml de leche semidesnatada
- 2 palos de canela
- 2 cucharaditas de canela molida
- 1 manzana grandota, pelada y cortada en trozos muy chiquititos

Para la crema:
- 1 porción de crema de mantequilla básica de vainilla (ver página 18)
- Colorante verde en pasta

Para decorar:
- 12 estrellitas de *fondant*
- Perlas de colores

Estos cupcakes saben a mercadillo navideño alemán. Tal cual. ¡Os lo juro! Es alucinante...

"Glühwein"

Primero preparamos el "glühwein": ponemos todos los ingredientes, menos el azúcar, en un cazo y calentamos a fuego medio durante una hora, hasta que el vino esté bien infusionado, pero sin que llegue a hervir. Retiramos el cazo del fuego, echamos el azúcar, removemos hasta que se disuelva, lo colamos y lo dejamos templar.

Precalentamos el horno y tamizamos la canela, la harina, el cacao y la levadura en un cuenco. Reservamos. En otro bol, mezclamos el aceite con el azúcar, el "glühwein" y los huevos. Una vez integrados todos los ingredientes, añadimos la mezcla de harina y el chocolate negro rallado.

Con la masa, rellenamos las cápsulas para cupcakes y horneamos en torno a 20 minutos o hasta que ¡toda la casa huela a Navidad! Preparamos la crema sustituyendo la leche por "glühwein" y la teñimos con colorante en pasta color ciclamen. Finalizamos la decoración con unas ramitas de canela.

Ingredientes:

Para el "glühwein":
- 750ml de vino tinto
- 250ml de agua
- 3 clavos
- 2 ramas de canela
- 1 chupito de anís
- 1 piel de limón y 1 de naranja
- 3 cucharadas de azúcar

Para el bizcocho:
- 125ml de "glühwein" (templado)
- 2 huevos
- 100g de azúcar blanco
- 75ml de aceite
- 1 cucharadita de canela
- 50g de chocolate negro rallado
- 150g de harina
- 1 cucharadita de levadura
- 1/2 cucharada de cacao en polvo sin azúcar

Para la crema:
- 1 porción de crema de mantequilla clásica de vainilla (ver página 18), sustituyendo la leche por 4 cucharadas de "glühwein", o al gusto
- Colorante en pasta color ciclamen

Para decorar:
- Canela en rama

Estos cupcakes tienen el mismo problema que el turrón,
¡una vez que los pruebas no puedes dejar de comerlos!

Turrón de Jijona

Precalentamos el horno y preparamos la bandeja con las cápsulas. Tamizamos la harina con la levadura. Reservamos.

Batimos la mantequilla con el azúcar hasta que se integren y la mezcla se aclare. Añadimos los huevos, uno a uno, batiendo hasta que se incorporen. Echamos la harina y batimos a velocidad más baja hasta que se mezcle. A continuación, vertemos la leche y volvemos a batir. Después agregamos la pasta de turrón y batimos hasta que la mezcla sea homogénea.

Repartimos la mezcla en las cápsulas y horneamos 22-25 minutos. Dejamos enfriar por completo. Preparamos la crema de mantequilla de vainilla. Añadimos la pasta de turrón y batimos, al menos, 3 minutos más a velocidad máxima.

Terminamos la decoración con la manga pastelera y estrellitas de *fondant*.

*Truco: Dales un aire más navideño a tus estrellas de *fondant* cubriéndolas con purpurinas comestibles de colores metalizados.

Ingredientes:

Para el bizcocho:
- 115g de mantequilla
- 220g de azúcar blanco
- 3 huevos
- 220g de harina
- 1 y 1/2 cucharaditas de levadura
- 120ml de leche semidesnatada
- 2 cucharadas de pasta de turrón de Jijona

Para la crema:
- 1 porción de crema de mantequilla básica de vainilla (ver página 18)
- 2 cucharadas de pasta de turrón de Jijona

Para decorar:
- Estrellas de nieve de *fondant*
- Purpurina comestible color plata

Sabe al helado de fresa de toda la vida... A ese helado de color rosa chicle maravillosamente dulce que vendían en las heladerías cuando yo era pequeña y que hoy se está convirtiendo poco a poco en una rareza...

Helado de fresa con carbón de azúcar

Precalentamos el horno y preparamos la bandeja con las cápsulas. Batimos la mantequilla con el azúcar hasta que se integren y la mezcla se aclare. Añadimos los huevos, uno a uno, batiendo hasta que se incorporen.

Tamizamos la harina con la levadura. En un vaso, mezclamos la leche con el cacao instantáneo. Echamos la mitad de la harina y batimos a velocidad más baja hasta que se mezcle. A continuación, vertemos la leche con el cacao y volvemos a batir. Ponemos la otra mitad de la harina y batimos hasta que la mezcla sea homogénea. Si queremos que tengan un color rosa más intenso, podemos añadir una gota de colorante en pasta rosa.

Repartimos la mezcla en las cápsulas y horneamos 22-25 minutos. Dejamos enfriar por completo.

Preparamos la crema. En un vaso, mezclamos el cacao instantaneo con la leche hasta que se disuelva bien. Ponemos la mezcla en un cuenco con el resto de los ingredientes. Batimos 4-5 minutos, primero a velocidad baja y luego a alta. Para terminar, decoramos con la manga pastelera y carbón de azúcar troceado.

Ingredientes:

Para el bizcocho:
- 115g de mantequilla
- 220g de azúcar blanco
- 3 huevos
- 220g de harina
- 1 y 1/2 cucharaditas de levadura
- 120ml de leche semidesnatada
- 4 cucharadas de cacao instantáneo sabor fresa
- Colorante en pasta color rosa (opcional)

Para la crema:
- 250g de mantequilla
- 400g de azúcar superfino
- 3 cucharadas de cacao instantaneo sabor fresa
- 60ml de leche semidesnatada

Para decorar:
- Carbón de azúcar troceado

Aptos para
todos los públicos

Esta receta es la versión vegana de un clásico. Es perfecta para todos aquellos que no consumen productos de origen animal y para los alérgicos al huevo o la lactosa.

Vainilla vegana

Añadimos el zumo de limón a la leche de coco y dejamos reposar 5-10 minutos. Precalentamos el horno y preparamos la bandeja con las cápsulas. Tamizamos la harina con la levadura y la maicena y reservamos.

Batimos el aceite con el azúcar y la leche de coco hasta que se integren. Añadimos la harina y batimos hasta que la mezcla sea homogénea. Repartimos la mezcla en las cápsulas y horneamos 22-25 minutos. Dejamos enfriar en el molde 5 minutos y después pasamos los cupcakes a una rejilla, hasta que se enfríen por completo.

Preparamos la crema de mantequilla de vainilla, utilizando grasa vegetal en lugar de mantequilla, y leche de coco en lugar de leche de vaca. Decoramos usando la manga pastelera y flores de *fondant.*

Ingredientes:

Para el bizcocho:
- 80g de harina
- 1 cucharada de maicena
- 1 y 1/2 cucharaditas de levadura
- 1 cucharadita de zumo de limón
- 45ml de aceite de oliva suave
- 80g de azúcar blanco
- 120ml de leche de coco
- 2 cucharaditas de extracto de vainilla

Para la crema:
- 1 porción de crema de mantequilla clásica de vainilla (ver página 18), utilizando 250g de grasa vegetal en lugar de mantequilla, y 2 cucharadas de leche de coco en lugar de leche de vaca

Para decorar:
- Rosas de *fondant*

De nuevo, otra opción para todos aquellos que no consumen productos de origen animal y para los alérgicos al huevo o la lactosa.

Chocolate con moras vegano

Precalentamos el horno y preparamos la bandeja con las cápsulas. Tamizamos la harina con la levadura y el cacao y reservamos.

Batimos el aceite con el azúcar y el puré de manzana. Añadimos la mitad de la harina y batimos hasta que la mezcla sea homogénea. A continuación vertemos la leche de coco y el resto de la harina. Repartimos la mezcla en las cápsulas y horneamos 22-25 minutos. Dejamos enfriar en el molde 5 minutos y después pasamos los cupcakes a una rejilla, hasta que se enfríen por completo.

Preparamos la crema de mantequilla de vainilla sustituyendo los ingredientes habituales por los veganos. Decoramos usando la manga pastelera y moras.

Ingredientes:

Para el bizcocho:
- 120g de harina
- 1 y 1/2 cucharaditas de levadura
- 80ml de puré de manzana sin azúcar
- 150g de azúcar blanco
- 40ml de aceite suave
- 120ml de leche de coco
- 3 cucharadas rasas de cacao puro sin azúcar
- 1 cucharadita de extracto de vainilla

Para decorar:
- 1 porción de crema de mantequilla clásica de vainilla (ver página 18), preparada utilizando 250g de grasa vegetal en lugar de mantequilla, y 2 cucharadas de leche de coco en lugar de leche de vaca
- Moras

¡Una receta más para veganos! Los arándanos pueden ser sustituidos por otros frutos rojos o vuestra fruta favorita.

Soja y arándanos veganos

Añadimos el zumo de limón a la leche de soja y dejamos reposar 5-10 minutos. Precalentamos el horno y preparamos la bandeja con las cápsulas. Tamizamos la harina con la levadura y la maicena y reservamos.

Batimos el aceite con el azúcar y la leche de soja hasta que se integren. Añadimos la harina y batimos hasta que la mezcla sea homogénea. Con ayuda de la espátula, incorporamos los arándanos.

Repartimos la mezcla en las cápsulas y horneamos 22-25 minutos. Dejamos enfriar en el molde 5 minutos y después pasamos los cupcakes a una rejilla, hasta que se enfríen por completo. Decoramos con el yogur de arándanos y un arándano por cupcake.

Ingredientes:

Para el bizcocho:
- 80g de harina
- 1 cucharada de maicena
- 1 y 1/2 cucharaditas de levadura
- 1 cucharadita de zumo de limón
- 45ml de aceite suave
- 80g de azúcar blanco
- 120ml de leche de soja
- 3 buenas cucharadas de arándanos

Para decorar:
- 4 yogures de soja con arándanos
- 12 arándanos

Deliciosos y sin gluten. Prueba a añadirles dos cucharadas de tu fruta favorita picada... ¡ñam!

Vainilla sin gluten

Precalentamos el horno y preparamos la bandeja con las cápsulas de papel. Tamizamos la harina con la levadura y el bicarbonato de soda en un cuenco y reservamos.

Batimos la mantequilla con el azúcar hasta que se integren y la mezcla se aclare. Añadimos los huevos, uno a uno, batiendo hasta que se incorporen. Agregamos la mitad de la harina y batimos a velocidad baja hasta que se mezcle. A continuación, vertemos la leche, con el extracto de vainilla y la glicerina disueltos, y volvemos a batir. Ponemos la otra mitad de la harina y batimos a velocidad baja hasta que la mezcla sea homogénea.

Repartimos la mezcla en las cápsulas y horneamos 22-25 minutos. Dejamos enfriar por completo. Preparamos la receta de crema de mantequilla básica de vainilla, añadiendo las semillas de una vaina de vainilla y colorante en pasta color rosa. Decoramos los cupcakes con la manga pastelera y una boquilla de estrella cerrada.

Ingredientes:

Para el bizcocho:
- 85g de mantequilla
- 140g de azúcar blanco
- 2 huevos
- 175g de mezcla de harina sin gluten
- 1 cucharadita de bicarbonato de soda
- 1 cucharadita de levadura sin gluten
- 125ml de leche semidesnatada
- 1 cucharadita de glicerina alimentaria
- 1 cucharadita de extracto de vainilla

Para decorar:
- 1 porción de crema de mantequilla básica de vainilla (ver página 18)
- Las semillas de una vaina de vainilla
- Colorante en pasta color rosa

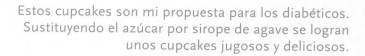

Estos cupcakes son mi propuesta para los diabéticos.
Sustituyendo el azúcar por sirope de agave se logran
unos cupcakes jugosos y deliciosos.

Vainilla sin azúcar

Mezclamos la leche con el vinagre de manzana y dejamos reposar 5-10 minutos. Precalentamos el horno y preparamos la bandeja con las las cápsulas para cupcakes. Tamizamos la harina con la levadura y reservamos.

Disolvemos el sirope de agave, el aceite y el extracto de vainilla en la leche e incorporamos la harina hasta que el resultado sea homogéneo.

Repartimos la mezcla en las cápsulas y horneamos 22-25 minutos. Dejamos enfriar en el molde 5 minutos y después pasamos los cupcakes a una rejilla, hasta que se enfríen por completo.

Para preparar el merengue, calentamos el sirope de agave hasta que hierva y haga burbujas gordas (unos 120°C en un termómetro de azúcar). Mientras tanto, montamos las claras a punto de nieve. Cuando el sirope de agave haya alcanzado la temperatura indicada, lo echamos sobre las claras muy poco a poco, sin dejar de batir, como si fuera un hilillo (con cuidado de que no caiga el almíbar en las varillas de la batidora). Seguimos batiendo hasta que el merengue esté brillante. Decoramos con la manga pastelera y una boquilla redonda y, opcionalmente, podemos darle efecto "tostado" con el soplete de repostería.

Ingredientes:

Para el bizcocho:
- 150ml de leche semidesnatada
- 1/2 cucharadita de vinagre de manzana
- 120ml de sirope de agave
- 80ml de aceite de oliva suave
- 1 cucharadita de extracto de vainilla
- 150g de harina
- 1 cucharadita de levadura

Para el merengue:
- 180ml de sirope de agave
- 3 claras de huevo

Agradecimientos

En primer lugar, a mis padres por su apoyo constante desde que comencé el blog: a mi madre, por ser la mejor madre y pinche del mundo mundial; a mi padre, por ser mi fan número uno y por estar siempre sonriente.

A Jesús, por hacer más llevaderas tantas tardes de horneado con el toque de su guitarra y por sus alabanzas a mis cupcakes de tarta de zanahoria. Contigo da gusto ser repostera.

A Josetxu y Tamar, por ingerir los kilos de cupcakes fruto de este libro sin quejarse jamás. Creo que después de esto podéis ser críticos cupcake-gastronómicos.

A Lourdes, Chucha, Feli, Visi y al resto de mi familia por su interés constante por mi aventura cupcakera.

A Gemma, Sofi y Ariadna, por estar siempre ahí y por arrancarme una sonrisa cada vez que enciendo el ordenador.

A Elena, por ser una arquitecta-repostera tan genial. ¡Sin ti mi nuevo local no sería nada!

A Joaquín Aguirre, por comprender todas mis locuras (incluida la repostera). Quizá realmente el viejo Philip me contagió parte de la suya...

A Carmen, por las tardes de maquillaje y pintaúñas. Eres genial. Os debo unas cuantas docenas de cupcakes a ti y a Carlos.

A Diana, por haber confiado en mí cuando este libro no era más que una loca idea en mi cabeza, y a todo el equipo de El País-Aguilar por hacer realidad mi sueño de publicarlo.

A todas las personas del mundo reposteril que he conocido gracias a los cupcakes y el blog. Cada día aprendo algo nuevo gracias a vosotros.

A todas las alumnas y alumnos que han pasado por *Alma's Cupcakes*. Sois la caña. Gracias a vosotros soy infinitamente feliz en cada uno de los talleres que imparto y no cambiaría por nada el estar ahí. ¡Gracias!

Y por último, y no por ello menos importante, a todos y cada uno de los lectores y lectoras de mi blog, porque sin ellos nada de esto hubiera sido posible. Gracias por todos vuestros correos electrónicos, comentarios, por vuestro constante apoyo vía Facebook, por acompañarme en lo bueno y en lo malo. ¡Ya no puedo vivir sin vosotros! ¡Gracias! ¡Os quiero!